Nuevas inteligencias, nuevos aprendizajes

INTELIGENCIA COMPUESTA, EXPANDIBLE, PRÁCTICA, INTUITIVA, DISTRIBUTIVA, SOCIAL, ESTRATÉGICA, ÉTICA

**Bill Lucas
Guy Claxton**

NARCEA, S. A. DE EDICIONES
MADRID

© NARCEA, S. A. DE EDICIONES, 2014
Paseo Imperial 53-55, 28005 Madrid. España
www.narceaediciones.es

© Open University Press. UK Ltd.

Título original: *New Kinds of Smart. How the science of learneable intelligence is changing education*

Traducción: Sara Alcina Zayas
Cubierta: Fernando García de Miguel

ISBN: 978-84-277-1955-2
Depósito legal: M-31343-2013

Impreso en España. Printed in Spain
Imprime: Lavel, S.A. Pol. Ind. Los Llanos. 28970 Humanes (Madrid)

Todos los derechos reservados

Queda prohibida, salvo excepción prevista en la ley, cualquier forma de reproducción, distribución, comunicación pública y transformación de esta obra sin contar con autorización de los titulares de propiedad intelectual. La infracción de los derechos mencionados puede ser constitutiva de delito contra la propiedad intelectual (arts. 270 y sgts. Código Penal). El Centro Español de Derechos Reprográficos (www.cedro.org) vela por el respeto de los citados derechos.

Sobre enlaces a páginas web

Este libro puede incluir enlaces a sitios web gestionados por terceros y ajenos a NARCEA, S.A. DE EDICIONES que se incluyen solo con finalidad informativa. Las referencias se proporcionan en el estado en que se encuentran en el momento de la consulta de los autores, sin garantía ni responsabilidad alguna, expresas o implícitas, sobre la información que se proporcione en ellas.

Índice

PRÓLOGO *Louise Stoll* y *Lorna Earl* 7

INTRODUCCIÓN: A MODO DE *PRELUDIO* 11

1. LA INTELIGENCIA ES COMPUESTA 21

    Comprender la inteligencia compuesta. Para empezar a trabajar la inteligencia como un compuesto. Para profundizar: ejemplos de experiencias educativas. Una herramienta útil: "La clase en dos niveles paralelos". Cuestiones para reflexionar.

2. LA INTELIGENCIA ES EXPANDIBLE 39

    Comprender la inteligencia expandible. Para empezar a trabajar una inteligencia en expansión. Para profundizar: ejemplos de experiencias educativas. Una herramienta útil: "El diálogo expansivo". Cuestiones para reflexionar.

3. LA INTELIGENCIA ES PRÁCTICA 55

    Comprender la inteligencia práctica. Para empezar a trabajar la inteligencia práctica. Para profundizar: ejemplos de experiencias educativas. Una herramienta útil: "El botón de pausa". Cuestiones para reflexionar.

4. LA INTELIGENCIA ES INTUITIVA 73

    Comprender la inteligencia intuitiva. Para empezar a trabajar la inteligencia intuitiva. Para profundizar: ejemplos de experiencias educativas. Una herramienta útil: "Deja que fluya tu mente". Cuestiones para reflexionar.

© narcea, s. a. de ediciones

5. **LA INTELIGENCIA ES DISTRIBUTIVA** 91

   Comprender la inteligencia distributiva. Para empezar a trabajar la inteligencia distributiva. Para profundizar: ejemplos de experiencias educativas. Una herramienta útil: "La caja de herramientas". Cuestiones para reflexionar.

6. **LA INTELIGENCIA ES SOCIAL** 107

   Comprender la inteligencia social. Para empezar a trabajar la inteligencia social. Para profundizar: ejemplos de experiencias educativas. Una herramienta útil: "La técnica del rompecabezas". Cuestiones para reflexionar.

7. **LA INTELIGENCIA ES ESTRATÉGICA** 127

   Comprender la inteligencia estratégica. Para empezar a trabajar la inteligencia estratégica. Para profundizar: ejemplos de experiencias educativas. Una herramienta útil: "El pensamiento visible". Cuestiones para reflexionar.

8. **LA INTELIGENCIA ES ÉTICA** 147

   Comprender la inteligencia ética. Para empezar a trabajar la inteligencia ética. Para profundizar: ejemplos de experiencias educativas. Una herramienta útil: "Los once principios de la educación del carácter". Cuestiones para reflexionar.

9. **CONCLUSIONES: A MODO DE *CODA FINAL*** 167

   Ampliando horizontes. La inteligencia es un compuesto. La inteligencia es expandible. La inteligencia es práctica. La inteligencia es intuitiva. La inteligencia es distributiva. La inteligencia es social. La inteligencia es estratégica. La inteligencia es ética. Pasos a seguir. El modelo 4:5:1.

BIBLIOGRAFÍA 187

Prólogo

*Al abordar los diversos desafíos que el futuro
le depara, el ser humano contempla la educación
como un recurso indispensable.*

JACQUES DELORS ET AL (1996)

La vertiginosa velocidad del mundo moderno sitúa la educación en el corazón del desarrollo tanto personal como comunitario; su misión es capacitar a cualquiera, sin excepción, para que desarrolle plenamente su talento y realice su potencial creativo, siendo responsable de su propia vida y teniendo en cuenta sus metas personales.

Lamentablemente, la educación no siempre va a la par con los tiempos que corren. A veces parece que avanza con los cambios; otras veces parece anquilosada en el siglo pasado. Tras muchos años de investigación, hemos llegado a la conclusión de que la experimentación no contribuye a que los educadores aborden los desafíos a los que los niños y los jóvenes se enfrentarán en su futuro. Las intervenciones actuales están teniendo unos efectos bastante limitados (Stein y Coburn, 2003). Incluso aunque los logros sean cada vez mayores, la brecha entre los alumnos más aventajados y los menos aventajados es, en muchos casos, bastante amplia.

Todos los alumnos deben estar bien "equipados" para poder aprovechar las oportunidades de aprendizaje que van surgiendo a lo largo de la vida y poder ampliar sus conocimientos, sus competencias y sus actitudes y, a la vez, ser capaces de adaptarse a un mundo cambiante, complejo e interconectado. Es posible aprovechar de modo óptimo la oportunidad que tenemos de garantizar *un futuro mejor* tanto para los niños y los adolescentes como para la profesión docente y para las escuelas, pero es necesaria una imaginativa labor de reorientación global de los propósitos educativos, de las políticas y de las prácticas (Beare, 2001).

Queremos que el presente libro sirva de estímulo para sugerir y pensar distintas maneras de asegurarnos de que todos los alumnos estén preparados para tomar un papel activo y proactivo en su futuro, de que todos los profesores y el resto de adultos estén mejor capacitados para ayudarles a aprender de forma eficaz, de que todos los directores y los miembros de la comunidad educativa puedan crecer con la mirada puesta en los desafíos que implica el garantizar que nada se interponga en su camino, y que los entornos de aprendizaje estén diseñados de forma que aseguren un alto nivel de aprendizaje y de éxito para todo el alumnado. Creemos que *es el momento de ampliar los horizontes educativos.*

Los autores de este libro brindan una perspectiva fresca sobre una serie de asuntos que suelen darse por sentados, así como formas alternativas de abordar los desafíos educativos a los que nos enfrentamos. A través de la exploración de las tendencias, de las ideas y de los desarrollos actuales y emergentes, así como de las necesidades de aprendizaje de los profesionales, ofrecen varias perspectivas de lo que podría llegar a ser la educación.

El libro pretende despertar la imaginación del lector, informarle y animarle a mirar más allá y a ayudar a los demás a hacer lo mismo, entendiendo ese acto como un desafío a nuestra forma de pensar. Asimismo, busca inspirar, motivar y promover una reflexión profunda, la colaboración y la acción reflexiva para estimular el aprendizaje y un cambio de raíz, así como señalar algunos caminos que conducen a la acción y a aplicaciones concretas.

Esperamos que este libro resulte atractivo para una amplia audiencia, conformada por estudiantes de ciencias de la educación, docentes, personal de la administración, pedagogos, para quienes diseñan las políticas educativas y para los profesores universitarios de distintos contextos y países. Aun así, en primer lugar, pretendemos que los atareados profesionales que se dedican a la educación y que no siempre tienen tiempo para leer este tipo de libros se sientan apoyados y tomen en consideración este desafío. La investigación en torno al aprendizaje de dichos profesionales lo demuestra claramente: los educadores necesitan el estímulo de ideas externas (Cordingley et al, 2007). Esperamos que este libro pueda ser empleado por el personal de las escuelas, de los institutos y de

© narcea, s. a. de ediciones

otros tipos de centros educativos, por las autoridades locales y provinciales, por parte de quienes diseñan las políticas nacionales y de cada región. También será de ayuda para quienes están implicados en la formación de educadores. Asimismo, puede ser importante para estudios de posgrado o de máster que se centren en investigar la práctica educativa existente y la del futuro.

Este libro es deliberadamente sencillo y se estructura de una forma que esperamos facilite su lectura. Contiene sugerencias prácticas para la acción, cuestiones para reflexionar y para estimular el debate en torno al aprendizaje y recuadros con los fragmentos más importantes.

En este libro, reflexivo e inspirador, *Nuevas inteligencias, nuevos aprendizajes,* Bill Lucas y Guy Claxton nos empujan a pensar de forma más radical en los medios para ser inteligente en un mundo que cambia con tanta rapidez. Gracias a las ciencias del aprendizaje han emergido nuevos descubrimientos que el mundo educativo, sencillamente, no ha incorporado. Basándose en investigaciones exhaustivas, se cuestionan una serie de mitos muy enraizados y persistentes en torno a la naturaleza de la inteligencia, ofreciendo ejemplos prácticos y orientaciones para la acción. En absoluto pretenden tener la respuesta a todo (ya que, como en cualquier campo de las ciencias del aprendizaje, se trata de un proceso en constante cambio), pero invitan al lector a acompañarlos en este camino a través del descubrimiento continuo. Se trata de un camino que vale la pena recorrer.

Louise Stoll
Universidad de Londres

Lorna Earl
Universidad de Toronto

© narcea, s. a. de ediciones

Introducción: A modo de *Preludio*

El objetivo de la educación temprana (y quizás de toda la educación) no debe contemplarse, simplemente, como un entrenamiento de cerebros cuyo potencial básico esté predeterminado. Lejos de ello, la meta es proporcionar unos entornos ricos en los que esos cerebros puedan crecer mejor.

ANDY CLARK (2003)

Hace tiempo trabajamos con la *Talent Foundation* del Reino Unido (Lucas, 2006) para identificar y analizar la gran cantidad de nuevos conocimientos que se han generado en torno a la inteligencia, provenientes de muchas disciplinas distintas. Bastó esta colaboración para convencernos de que las ciencias del aprendizaje se están desarrollando rápidamente y de que el mundo educativo, sencillamente, no ha captado buena parte de ese pensamiento emergente. El presente libro nació de esta revisión y sus ideas parten de nuestra relación, como colegas, con gran cantidad de académicos y de profesionales, así como de nuestras propias indagaciones a lo largo de muchos años.

Nuevas inteligencias, nuevos aprendizajes está escrito para profesionales curiosos. Imaginamos que lo leerán profesores y directores de escuela de todo el mundo. Ese es el tipo de persona que quizás ya esté investigando en torno a los nuevos planteamientos que analizamos en este libro y que está decidida a aportar una mayor rigurosidad científica al oficio de enseñar. Esperamos que nuestra aportación también puedan tocar la fibra de todo aquel que esté formando a los profesores del mañana y al personal de apoyo en el aula.

Estructura del libro

El libro está estructurado como sigue. Contiene ocho capítulos dedicados a cada una de las ocho *nuevas inteligencias* que proponemos, y cada uno de ellos sigue un formato similar:

> Una *cita* extraída de la investigación que ilustra el tema.

⇩

> **Comprender la inteligencia...**
> En este epígrafe se ofrece una panorámica de la investigación científica y educativa relevante para el capítulo.

⇩

> **Para empezar a trabajar la inteligencia...**
> Un epígrafe que contempla ejemplos de qué están haciendo algunas escuelas que están empezando a aplicar las ideas expuestas en el capítulo.

⇩

> **Para profundizar: ejemplos de experiencias educativas**
> Ejemplos más exhaustivos de las distintas maneras que las escuelas tienen de aplicar las ideas expuestas en el capítulo.

⇩

> **Cuestiones para reflexionar**
> Un epígrafe final con algunas preguntas que estimulan el pensamiento, la reflexión, la discusión, la acción en torno al tema.

En cada capítulo también hemos incluido alguna **Herramienta útil** para capacitar al lector de modo que pueda considerar cómo pasar del pensamiento a la acción.

© narcea, s. a. de ediciones

INTRODUCCIÓN: A MODO DE *PRELUDIO*

Aunque los capítulos 7 y 8 sigan el mismo formato de los seis anteriores, en cierto modo, tienen un alcance más amplio. El capítulo 7 aborda una forma más estratégica de organizar y orquestar los recursos que tenemos a nuestra disposición, de modo que podamos maximizar nuestra inteligencia en su conjunto. El capítulo ocho analiza la inteligencia que está operando en el mundo y retoma una cuestión fundamental (de carácter moral): ¿para qué sirve la inteligencia? Y es que sostenemos que no se puede entender la inteligencia de forma apropiada sin tener en cuenta las responsabilidades éticas que están en juego.

Acompañando estos ocho capítulos centrales se hallan dos capítulos de distinta naturaleza. Esta Introducción que hemos titulado *A modo de preludio*, y que establece el escenario y anticipa los contenidos del libro. También expone los mitos y las asunciones que prevalecen en torno a la inteligencia y enuncia un planteamiento distinto tanto de la enseñanza como del aprendizaje.

Y al término de la obra se halla un capítulo titulado *Coda final*, que concluye el libro. En dicho capítulo resumimos el recorrido realizado a lo largo del libro y exponemos brevemente el trabajo que llevamos a cabo en el *Centre for Real-World Learning*, en la Universidad de Winchester, en relación tanto a escuelas y a contextos educativos más amplios como al aprendizaje continuo. En particular, revisaremos los pasos que hemos ido dando hacia un modelo más rico y válido de lo que denominamos como *"inteligencia para el mundo real"*.

La referencia musical implícita en nuestra elección de las palabras de *Preludio* y *Coda Final* no es accidental. En ella subyace una metáfora que recorre todo el libro, y es la de la inteligencia como una orquesta de varios instrumentos que deben tocar juntos. Los diferentes aspectos de la inteligencia descritos en los capítulos centrales del libro, esto es, en los seis primeros, representan los distintos tipos de instrumentos. Solo cuando tocan juntos, acompasados y afinados, la sinfonía puede emerger en todo su esplendor. En esos momentos, estamos realmente explotando todo el potencial de lo que significa ser inteligente hoy en día.

El capítulo 7, *La inteligencia es estratégica*, nos recuerda el papel que juega un buen "director" de orquesta. El Capítulo 8 sugie-

© narcea, s. a. de ediciones

re que, aunque una orquesta puede sonar armoniosa, debe tener en cuenta la presencia de otras "orquestas" que la acompañan y con las que compartimos un mismo mundo. Dicho de otro modo: debemos darle una dimensión ética al importante papel de educar.

A continuación, en este *Preludio*, introduciremos, brevemente, algunos de los temas más importantes de la presente obra.

¿Cuál es el sentido de la escuela?

La educación es una preparación para la vida, y la naturaleza de dicha preparación depende de ciertas asunciones y percepciones. Las tareas que se le asignan a la escuela dependen de la visión del mundo que tenga la sociedad —especialmente del mundo en el que se imagina que los niños vivirán cuando crezcan—, y de las dificultades, los desafíos y las oportunidades que crean que el mundo les planteará. Dichos desafíos tienen que ver con la prosperidad y la seguridad del país, la cohesión social y la igualdad, el desarrollo individual y el bienestar.

Partiendo de este complejo conjunto de asunciones, cada país debe formarse una idea de qué es lo que tendrán sus niños que saber, comprender y ser capaces de hacer para superar esos desafíos y sacar todo el provecho que puedan de dichas oportunidades. Por ejemplo, actualmente mucha gente piensa, por encima de todo, que están preparando a los niños y a los adolescentes para un mundo cambiante. Paradójicamente, esas personas están de acuerdo en que lo único que podemos afirmar con certeza respecto a los cambios que nos esperan es que no sabemos exactamente en qué consistirán; de modo que decidir cómo enseñar constituye todo un problema. Estamos de acuerdo con eso.

Pero el currículo también depende de asunciones en torno a los niños y a sus familias. La mayoría de las cosas que los niños necesitarán saber hacer (la habilidad de caminar, alimentarse por ellos mismos, y aprender a hablar la lengua materna, por ejemplo) se da por sentado que se aprenden durante su proceso normal de crecimiento. Las familias asientan buena parte de los cimientos necesarios para la vida. Pero hay otras áreas de desarrollo supuestamente esenciales en

© narcea, s. a. de ediciones

las que la sociedad juzga que las familias no brindan todo lo que es necesario; o no son lo suficientemente fiables para los niños.

En tales casos, la escuela da un paso al frente para brindar las piezas para esta preparación vital con las que, de otro modo, quizás no se contaría. Por ejemplo, si no se puede contar con las familias para que cultiven las habilidades de lectura, escritura y cálculo al nivel que la sociedad estima necesario, entonces los niños deben acudir a lugares que aseguren que ese aprendizaje se dará. Y así sucesivamente. El diseño de un sistema educativo debe reflejar un gran número de asunciones (respecto al futuro, respecto a los medios de desarrollo personal, respecto a la vida familiar) y muchas de estas, además, son motivo de discusión. Por eso la educación es un asunto tan polémico.

Cambiando la visión respecto al desarrollo mental en niños y jóvenes

Pero hay otro conjunto de asunciones según las cuales la educación no tiene que ver con la sociedad, sino con la naturaleza y las capacidades mentales de los niños. ¿Cómo madura su mente? ¿Qué es lo que "deben" ser capaces de hacer y de aprender a diferentes edades? ¿Qué es lo "normal" para un niño de cinco años, y hasta qué punto un niño puede salirse de la norma sin que nos preocupemos por él y pensemos en darle un apoyo especial para ayudarle a "ponerse al día"? ¿Qué parte del aprendizaje pueden adquirir como por ósmosis, fruto del proceso mismo de la vida, y qué parte, en cambio, debe ser especialmente orquestada o estimulada? ¿Hasta qué punto su experiencia modifica no solo lo que piensan y saben, sino también el modo en que se manejan con el pensamiento y con el conocimiento?

En general no solemos considerar que necesitemos el apoyo de clases especiales para "ver", y sin embargo mucha gente piensa que los niños necesitan una ayuda especializada para aprender a "pensar", por ejemplo. Las creencias de las personas difieren marcadamente en relación a hasta qué punto las diferencias entre los niños (es decir, en cuanto a cómo piensan, aprenden y recuerdan) refle-

© narcea, s. a. de ediciones

jan una serie de factores sobre los que el profesor no tiene ningún control, tales como su urdimbre genética o sus experiencias tempranas, y hasta qué punto es posible modificarlas, recibiendo una formación sistemática y desarrollándose como personas.

¿Pueden los niños aprender a recordar mejor, a concentrarse más o a enfrentarse mejor a los nuevos desafíos? ¿Hay niños que, simplemente, nacieron más "listos" y por tanto destinados a aprender más rápido y con mayor profundidad que otros que nacieron siendo "del montón" o más "flojos"? ¿No importa cuánto les ayudemos, porque están predestinados, o es capaz la escuela de modular dichas diferencias? ¿La escuela es un lugar donde se pueden "volver más listos"?

Las respuestas a estas preguntas, también, irán ejerciendo una poderosa influencia en el currículo y en el objetivo que a este se le atribuya; es decir: aquello que se asume que es capaz de generar y lo que está fuera de su alcance.

Dado que cualquiera de esas asunciones puede cambiar o cuestionarse, podemos decir que el proyecto educativo está sujeto al cambio. Si damos por sentado que la escolarización actual es bastante satisfactoria y que el día de mañana ese mundo al que los jóvenes a los que educamos tendrán que enfrentarse será más o menos como el actual, entonces nos inclinaremos por adoptar un planteamiento basado en la idea de "mantener el rumbo", con un poco de experimentación por aquí y otros ajustes por allá para darle un empujón a la lectura y a los resultados de las evaluaciones, por ejemplo. El conocimiento que fue útil para nosotros en el pasado les servirá igualmente a ellos en el futuro. Y aquella división del sistema escolar que lo convertía, por un lado, en un colador que preparaba a algunos alumnos para la universidad, las profesiones y el "liderazgo" y, por otro, en una preparación para un tipo de vida completamente distinta, en cierto modo parece inevitable y hasta conveniente.

Pero si tenemos en cuenta que el mundo cambia con mucha rapidez y que exige a los jóvenes diferentes tipos de competencias y actitudes para prosperar y desarrollarse, entonces nos daremos cuenta de que el mundo de la educación necesita cambiar de forma mucho más radical y urgente. Hoy en día, buena parte de los

© narcea, s. a. de ediciones

gobiernos y de los profesores tienden a sostener este último planteamiento en detrimento del anterior; ése es también nuestro caso.

Pero el deseo de cambiar, y la dirección que adopte dicho cambio estará limitado o frustrado si las antiguas e injustificadas ideas en torno a la mente de los niños y los jóvenes —de hecho, en torno a la naturaleza misma del aprendizaje— permanecen intocables y no se examinan con detenimiento. Si seguimos asumiendo que algunos niños nacieron "inteligentes" mientras otros, sencillamente, no tienen el "potencial" requerido para dominar, por ejemplo, los conceptos más complejos de la física o de la historia, entonces las posibilidades de cambio —no importa lo urgente que sea dicho cambio— serán más limitadas. Si, por otro lado, se contempla la inteligencia como algo que se puede aprender, entonces se despliega ante nosotros todo un conjunto de posibilidades educativas.

No es una coincidencia que la revisión de las funciones sociales de la educación coincida con el cuestionamiento de sus fundamentos psicológicos. La verdadera naturaleza de la "inteligencia" misma está siendo sometida a una nueva evaluación, y mucha gente se está cuestionando si las ideas preconcebidas sobre la mente de los niños y los jóvenes que han estado, durante tanto tiempo, en la base la educación, son tan válidas como pensábamos.

Este libro se centra en esas creencias en torno al poder y al potencial de la mente de niños y jóvenes, y, en especial, en la naturaleza de su inteligencia.

Cuestionando algunos mitos de la inteligencia

Creemos que el sistema educativo es víctima de una serie de mitos muy arraigados en relación a la inteligencia que, en el mejor de los casos son inútiles y en el peor, directamente dañinos. A continuación se detallan algunas de las creencias que esperamos cuestionar en este libro. Cada una de ellas, se abordará en cada uno de los capítulos del libro. La primera se corresponde con el primero, la segunda con el segundo y así sucesivamente. Por supuesto, dichas conexiones son más complejas que eso, de modo que el vínculo lineal no siempre es tan evidente.

© narcea, s. a. de ediciones

> **OCHO *MITOS* EN TORNO A LA INTELIGENCIA**
>
> 1. La inteligencia es, esencialmente, ese "don" unidimensional que se relaciona en gran medida, con los tipos de pensamiento que miden los tests de inteligencia.
> 2. La inteligencia es relativamente fija: los profesores la emplean, pero realmente no la alteran.
> 3. El cuerpo y la mente están separados y la verdadera actividad de la inteligencia se localiza en la mente.
> 4. La inteligencia es racional y consciente.
> 5. La inteligencia es un "atributo" personal, y poder emplear una serie de herramientas que tengan el efecto de hacer que seas más listo es, en cierto modo, "hacer trampas".
> 6. La inteligencia es un concepto individual, no social.
> 7. El concepto de inteligencia es universalmente válido, y no está estrechamente ligado a las circunstancias y demandas del "hábitat" particular de cada uno.
> 8. La inteligencia es una función intelectual, separada de las funciones emocionales y morales.

Cuando los profesores creen en algunas de estas ideas o mitos, o en todos, las posibilidades que entraña su trabajo se ven seriamente limitadas. Pero si las ideas que exponemos en este libro llegan a persuadir al lector, entonces el trabajo de quien enseña, tanto si se desarrolla en una escuela, como en casa o en una comunidad más amplia, será completamente diferente. Se abre un abanico de posibilidades distintas.

Aunque el lector (en el caso de que se dedique a la educación) necesitará situar su actividad docente y su aprendizaje en entornos reales —el desarrollo de la inteligencia o del aprendizaje no se puede dar en abstracto—, podrá llegar a contemplar la enseñanza de una forma nueva.

© narcea, s. a. de ediciones

Tanto para la enseñanza del "contenido" como para la enseñanza del "tema", se contará con estrategias específicas de aprendizaje diseñadas para avivar el poder de la mente del alumno.

Como sucedía con la anterior lista de *mitos*, cada una de las *pistas* para el desarrollo del papel del profesor, que figuran en la siguiente página, está deliberadamente vinculada con los capítulos del 1 al 8 de este libro. La lista de *pistas*, ofrece además, algunos conceptos clave del capítulo en cuestión y aborda cuál debería ser el papel del profesor en la actualidad. Aunque estos conceptos clave puedan parecer algo crípticos ahora mismo, en los capítulos que siguen se evidenciarán mediante ejemplos prácticos. Hemos marcado en cursiva los conceptos clave.

Aunque cada uno de los capítulos del libro siguen el formato anteriormente citado, algunos son más exhaustivos que otros. La explicación es simple, y es que la atención prestada a la educación por parte de las ciencias emergentes es muy dispar.

Así existen distintos ejemplos de aplicación de los últimos descubrimientos en torno a la inteligencia estratégica y lo que se ha denominado "aprender a aprender", pero, en cambio, en el caso de la inteligencia práctica, que no cuenta aún con un reflejo en las aulas, los ejemplos están menos desarrollados. Sin embargo, hemos tratado de dar algunas sugerencias y de señalar el camino a seguir.

Independientemente de cuál sea el papel que el lector ocupe en la educación, esperamos que encuentre en este libro ideas útiles y que constituyan un desafío en su tarea.

Este nuevo planteamiento de la inteligencia es un "proceso abierto" y esperamos que el lector se sienta inspirado para poder contribuir a que dicho planteamiento sea cada vez más riguroso y más práctico.

© narcea, s. a. de ediciones

OCHO *PISTAS* SOBRE EL PAPEL DEL PROFESOR EN EL DESARROLLO DE UNOS ALUMNOS MÁS INTELIGENTES

1. Cultivar las *disposiciones* que sean más favorables para crear un aprendizaje que se mantenga activo durante toda la vida del alumno.
2. Fomentar y sostener una *mentalidad en desarrollo* en los más jóvenes, y dar ejemplo de ella, como adultos que aprendemos.
3. Crear oportunidades para que los más jóvenes tengan una mayor capacidad de *intervención en la realidad* y de *articulación*.
4. Ayudar a los alumnos a desarrollar una serie de *estados de la mente* que conduzcan a distintos tipos de aprendizaje, específicamente a través del empleo tanto de su intuición como de su raciocinio.
5. Animar a los alumnos a comprender qué *herramientas* tienden a ser de ayuda en determinadas situaciones y cómo pueden saber cuándo usarlas.
6. Brindar a los alumnos estrategias de aprendizaje eficaces y enseñarles a trabajar *cooperativamente*.
7. Enseñar a los alumnos cómo ser más *estratégicos* en cuanto a su aprendizaje, cómo reflexionar sobre lo que sucede y cómo *transferir* su aprendizaje de un dominio a otro.
8. Basar todo el trabajo educativo en un contexto *ético* amplio en el que la actividad intelectiva esté centrada en la supervivencia del *homo sapiens* en un mundo rápidamente cambiante.

1. La inteligencia es Compuesta

La inteligencia es una suma compleja de ingredientes.
Robert Sternberg (1989)

*La inteligencia es la costumbre de esforzarse
por comprender las cosas y hacer que funcionen mejor.
La inteligencia es trabajar para entender las cosas,
variando las estrategias hasta encontrar una solución que sea buena.
La inteligencia de cada cual
es la suma de los hábitos de su mente.*
Lauren Resnick (1999)

Dele a un grupo de alumnos de trece años un test de inteligencia y entonces échele un vistazo a sus notas en la escuela. Descubrirá que los alumnos que comparten una misma nota del test, por ejemplo, difieren muchísimo en cuanto a su rendimiento en la escuela. Angela Dukworth y Martin Seligman (2005), de la Universidad de Pennsylvania, quisieron descubrir el porqué de esto. Para ello, evaluaron a esos mismos alumnos en otros campos que tenían que ver con la auto-disciplina y el auto-control. Se les entregó un cuestionario que medía su impulsividad, en que se les pedía que escogieran entre recibir un premio inmediatamente u otro mayor tras una cierta espera. Y se les pidió a sus padres y a su profesores que les dijeran qué nivel de auto-control le atribuían a cada alumno.

El resultado de los alumnos con una mayor auto-disciplina diferiría, en muchos aspectos, del obtenido por sus compañeros igualmente "inteligentes" pero más impulsivos. Obtenían mejores notas o calificaciones en los exámenes. Faltaban menos a la escuela. Invertían más tiempo en sus deberes y menos en mirar la tele. En conjunto, su nivel de auto-disciplina era dos veces más eficaz que sus resultados en el test de inteligencia a la hora de dar cuenta de su rendimiento escolar. Es más, la auto-disciplina predijo qué alumnos iban a mejorar durante el curso siguiente, mientras que el test de inteligencia no.

Cuando se trata de hacer cosas significativas en el mundo real, sea sacar lo mejor de uno mismo en la escuela o bien ser mejor portero, hay que tener en cuenta muchos más elementos que los aportados por un test de inteligencia. Ser listo en la vida real implica toda una serie de habilidades. Aunque la inteligencia fuera una especie de atributo de nuestra mente, completamente separado de lo demás, en la práctica, tan pronto como empezáramos a hacer algo complejo o que tuviera que ver con los demás, muchos otros factores entrarían en juego. Ser bueno en ese tipo de razonamiento abstracto que evalúan los tests de inteligencia puede contribuir a los proyectos de la vida real, pero esa contribución parece ser más bien pequeña si la comparamos con otras muchas competencias y actitudes personales. En el estudio de Duckworth y Seligman, el test de inteligencia demostró ser menos importante que la habilidad para priorizar objetivos a largo plazo en detrimento del disfrute a corto plazo. Pero el auto-control es tan solo uno de los factores de una miriada de otras variables.

> "Ser bueno en ese tipo de razonamiento abstracto que evalúan los tests de inteligencia puede contribuir a los proyectos de la vida real, pero esa contribución parece ser más bien pequeña si la comparamos con otras muchas competencias y actitudes personales."

En este capítulo vamos a desplegar la inteligencia para echar un vistazo a algunos de los múltiples componentes que la conforman. Pero, antes, vamos a resumir brevemente la historia de la cuestión que subyace al tema, que es la cuestión de si la inteligencia es el instrumento más potente de la mente, o si se trata más bien de una orquesta, compuesta por diferentes secciones e instrumentos que tocan juntos.

Comprender la inteligencia compuesta

A Alfred Binet, el padre de los test de inteligencia, se le suele considerar como el malo de la película, pero dicha reputación no está justificada. Aunque participó en el desarrollo del "primer test de inteligencia", de hecho no creía que la inteligencia fuera un atributo fijo, y en absoluto pensaba en ella como en algo simple y unitario, o como una facultad distinta a otras facultades humanas como la percepción o la personalidad. Por el contrario, Binet consideraba la inteligencia como una complicada mezcla de competencias y habilidades muy diversas que, en el caso de tenerse que evaluar, debería tener en cuenta tantas tareas diferentes como fuera posible. Pensaba que esa variedad era tan importante que la estableció como un principio, cuando escribió "Uno casi podría decir que poco importa que los test sean largos o numerosos". El test creado por Binet incluía distinguir un rostro feo de un rostro hermoso, llevar a cabo tres órdenes dadas de forma simultánea, enumerar por orden los meses del año y encontrar tres rimas para una determinada palabra en menos de un minuto.

La tendencia a pensar en la inteligencia como un solo atributo unitario se vio reforzada desde tres ámbitos: la historia, el lenguaje y la evaluación. De la historia provino la idea de que la inteligencia, en cierto modo, es algo más elevado y distinto a otras cualidades humanas tales como la percepción o la empatía. Cuando Descartes trataba de encontrar la indisputable esencia de la condición humana, pensó haberla encontrado en su habilidad para pensar racionalmente. La razón le permitió escapar de la falibilidad del sentimiento y de la experiencia, y hallar algo duradero e incorruptible en su habilidad de pensar lógica y sistemáticamente respecto a *cualquier cosa*. Quedaba claro para él que dicho razonamiento no podía ser el producto de la mera materia (aunque el cerebro constituyera la materia en cuestión) y debía reflejar la racionalidad que Dios otorgó a los hombres (y a las mujeres) y que les distinguía de los niños y de los animales.

La propia palabra, "inteligencia", nos invita a imaginar la existencia de una sola —aunque misteriosa— facultad que subyace al comportamiento inteligente. Al convertir un adjetivo (en este caso "inteligente") en un nombre abstracto ("inteligencia") es como si estuviéramos nombrando una suerte de potente causa que subyace al acto mismo. ¿Qué hace que el ser humano sea capaz de actuar de forma inteligente? "Porque está dotado de inteligencia". ¿Y cómo sabemos que está dotado de inteligencia? Bien, obviamente, porque actúa de forma inteligente. Este tipo de pensamien-

© narcea, s. a. de ediciones

to circular no puede frustrar nuestra búsqueda de un conjunto de causas más complejo y diferenciado.

Por ende, la invención del test de inteligencia como la única medida de la "inteligencia" parece sugerir la existencia de una única variable. Pero no existe ninguna razón lógica que nos empuje a dar ese salto en nuestra comprensión de la inteligencia. Después de todo, sabemos que la medida, por ejemplo, de la "presión sanguínea" es el reflejo de un gran número de intrincadas interacciones que se dan en el interior del cuerpo. Es más probable que la aparente existencia de una sola facultad (la inteligencia) refleje el hecho de que muchas de las tareas en las que se basa el test de inteligencia funcionan de forma similar, superponiendo distintos conjuntos de herramientas y habilidades cognitivas más elementales. Como concluyó el profesor de Harvard David Perkins (1995) "el factor *g* [la supuesta fuente unitaria de la inteligencia en su conjunto] no se corresponde con una única habilidad central intelectual, sino más bien con la superposición de la habilidades requeridas por una tarea u otra".

> **"Así como la actuación de un grupo musical refleja el complejo funcionamiento conjunto de una gran variedad de instrumentos distintos, parece que la mente crea la apariencia de una inteligencia "de una sola pieza" partiendo de la interacción de toda una serie de componentes mentales y emocionales."**

Así como la actuación de un grupo musical refleja el complejo funcionamiento conjunto de una gran variedad de instrumentos distintos, parece que la mente crea la apariencia de una inteligencia "de una sola pieza" partiendo de la interacción de toda una serie de componentes mentales y emocionales. En años recientes, se han producido diferentes intentos de socavar la idea de la existencia de una inteligencia monolítica. Echemos un vistazo a algunos intentos de descripción de la inteligencia como una orquesta: las *inteligencias múltiples*, la *inteligencia exitosa* y los *hábitos de la mente*.

Inteligencias múltiples

Uno de los acercamientos más conocidos al tema que estamos tratando es la teoría de las "inteligencias múltiples" de Howard

LA INTELIGENCIA ES COMPUESTA

Gardner. Basándose en las investigaciones en torno al cerebro, y especialmente en relación a los daños cerebrales, Gardner identificó originariamente siete —ahora son ocho— "potencialidades biopsicológicas" distintas, tal y como él las denominó, y que cada persona tiene en distinto grado. Dicha teoría ha llegado a ser muy popular entre los profesores, en parte porque parecía hacer referencia de forma bastante nítida a los temas clave del currículo escolar tradicional. La *inteligencia lingüística* y la *inteligencia lógico-matemática* coincidían, felizmente, con la asignatura de Lengua y con las Matemáticas, respectivamente. Y aunque exista la *inteligencia musical*, resulta interesante constatar que no exista una "inteligencia estética" que relacionar con las asignaturas de arte. La *inteligencia corporal-kinestésica* está ligada al ámbito de la educación física y de la danza. La *inteligencia espacial* se aplicó a la geografía de los grandes exploradores y a la sensibilidad práctica de las asignaturas de dibujo y de tecnología. Las dos últimas de las siete inteligencias originales se denominaron, respectivamente, *inteligencia interpersonal* —la habilidad de comprender a los demás— y la *inteligencia intrapersonal* —la capacidad vinculada al auto-conocimiento y a la auto-regulación—. Estas se pueden vincular a las asignaturas escolares que se relacionan con la salud y con la educación en valores.

Gardner, posteriormente, planteó lo que consideró que podían ser tres importantes candidatas a añadir al acervo de las inteligencias: la *inteligencia naturalista*, la *inteligencia espiritual* y la *inteligencia existencial*; aunque más tarde decidió combinar las dos últimas con la primera y añadir tan solo una octava inteligencia: la *naturalista*. Una de las razones por las que el acercamiento de Gardner ha sido criticado es la aparente facilidad para añadir, como si fueran solo meras palabras, nuevas inteligencias al acervo. (¡Resulta tentador especular acerca de si se podría añadir incluso la *inteligencia cibernética* o la *inteligencia económica*!).

No solo la teoría de las inteligencias múltiples parece encajar cómodamente en el currículo escolar, sino que libera a los profesores de la necesidad de situar a los niños en una sola escala que dé cuenta de su inteligencia. La tradicional noción cartesiana de una inteligencia abstracta y racional se asocia tan solo con dos de las inteligencias de la teoría de Gardner (una combinación de la inteligencia

© narcea, s. a. de ediciones

lingüística y matemática). La ampliación de la lista favorece que los profesores se sientan con permiso para valorar habilidades y talentos alternativos en su alumnado. Si ser bueno en piano o en el fútbol no es una mera competencia, sino una "inteligencia", fomentar esas capacidades por fin se valorará, cosa que es muy importante para muchos profesores. También se legitimó el papel de orientación y de identificación del talento de cada alumno desempeñado por el profesor, en vez de considerarle como un mero instructor o asesor.

A pesar de que el impulso por fragmentar la idea que se tiene de la inteligencia en varios componentes sea correcto, no todo el mundo está de acuerdo con la idea de que el esquema de las inteligencias múltiples sea la mejor manera de hacerlo. Como veremos en seguida, otros han dividido la inteligencia en componentes distintos. El propio Howard Gardner (1999:142) ha llegado a rechazar algunas de las cosas que se han llevado a cabo en algunas escuelas en nombre de las inteligencias múltiples:

> "Una vez vi una serie de documentales acerca de las inteligencias múltiples en las escuelas. En un video tras otro contemplé cómo los adolescentes gateaban por el suelo mientras en la pantalla aparecía el título de 'Inteligencia corporal-kinestésica'. Me dije: 'Eso no es inteligencia corporal-kinestésica; eso no es más que un montón de chicos gateando en un aula'. Y me sentí como si me echaran un jarro de agua fría".

Gardner presenta la teoría de las inteligencias múltiples como una teoría científica plenamente fundamentada y, en cambio, al cuestionar sus evidencias, ha demostrado ser en gran medida autoanalítica. Así, algunos investigadores, por ejemplo, han cuestionado la base de la que partió para identificar las inteligencias (véase por ejemplo, White, 2004). Y el propio Gardner (1984:98) dijo, en cierta ocasión: "debe admitirse que la selección (o el rechazo) de una inteligencia candidata a entrar en la lista responde más a la reminiscencia de un juicio artístico que a una evaluación científica".

Aun así, desde nuestro punto de vista, y aunque reconozcamos el fructífero papel que Gardner ha tenido a la hora de abrir y ampliar el debate en torno a la inteligencia, le achacamos el no dejar claro cuál de esas ocho inteligencias se pueda aprender. Por ejemplo: ¿puedo ampliar mi "inteligencia naturalista" o solo podré llegar a usarla mejor, sin alterarla? Veremos, en el siguiente capítulo, que actualmente, buena parte de la investigación está centrada en la idea de una inteligencia aprendida, de modo que la teoría de las inteligencias múltiples constituiría tan solo un paso hacia una mejor comprensión de una inteligencia para el mundo real.

Inteligencia exitosa

Mientras la tipología de Gardner se mantiene estrechamente ligada a los campos tradicionales de la actividad humana —las matemáticas, la música y así, sucesivamente—, otras personas han dividido la inteligencia en otros componentes. Robert Sternberg (1996) escribe acerca de la *inteligencia exitosa*, que él considera que está compuesta por la *inteligencia académica* o *analítica*, la *creativa* y la *práctica*. La inteligencia analítica se refiere a la habilidad de resolver problemas empleando un pensamiento de calidad; la inteligencia creativa se refiere a la habilidad anterior de descubrir o seleccionar bien los problemas sobre los que se trabajará y de generar una serie de buenas ideas en las que se centrará el pensamiento. La inteligencia práctica es la habilidad de hacer cosas y hacer que las cosas funcionen en el mundo real.

Sternberg (1997) ha mostrado, mediante diversos experimentos, que estas tres inteligencias se pueden medir; y que buena parte de la educación convencional discrimina a gente que a pesar de ser muy brillante, de una forma creativa y práctica, no destaca en lo analítico y en lo académico. Señala que los alumnos con habilidades creativas y prácticas están, esencialmente, "embarrancados" dentro del sistema, porque no se les permite destacar por sus habilidades y estas no les ayudan a obtener mejores resultados en la escuela.

En mayor medida que Gardner, Sternberg presenta sus tres tipos de inteligencia como susceptibles de expansión (véase el siguiente capítulo para profundizar en este punto). Pero no dice gran cosa acerca de cómo expandirlas. Y quizás una razón que lo explique es que su investigación está en un estadio muy temprano. Después de todo, la creatividad no es una facultad de una pieza, como le sucede a la inteligencia. Ser creativo implica una multitud de estrategias y actitudes, que deben conjugarse de forma adecuada. De modo que ideas como la de la existencia de una "inteligencia creativa" son una mejora, pero siguen siendo demasiado amplias como para poder ser puestas en práctica. Puede que debamos desplazarnos a un nivel más elevado, por decirlo así, y contemplar en mayor detalle de qué está compuesta la inteligencia.

Hábitos de la mente

Art Costa y Bena Kallick (2008) han hecho precisamente eso. Han dividido la inteligencia en lo que ellos llaman los *16 hábitos de la mente*. Podemos contemplar los hábitos de la mente como una detallada especificación de lo que Sternberg entendía por inteligencia analítica, creativa y práctica, respectivamente. En vez de hablar simplemente de la sección de "viento-madera" de la orquesta mental, Costa y Kallock empiezan a distinguir los "oboes" de las "flautas".

Estos son los ingredientes de una mente inteligente:

1. *Ser perseverante.* Centrarse en una tarea; ver las cosas a través de la misma; mantenerse concentrado.
2. *Gestionar la impulsividad.* No correr; tomarse el tiempo necesario; mantener la calma, ser reflexivo y deliberar.
3. *Escuchar con comprensión y empatía.* Intentar comprender a los demás; ser capaz de poner entre paréntesis las propias ideas y opiniones para poder contemplar cómo el otro ve las cosas desde su punto de vista.
4. *Pensar de forma flexible.* Ser capaz de comprender situaciones delicadas de diferentes formas; ser capaz de cambiar de perspectiva y de considerar distintas opciones.
5. *Pensar sobre el pensamiento (metacognición).* Ser capaz de ver en perspectiva los propios pensamientos y ser consciente de ellos; ser estratégico respecto al propio pensamiento.
6. *Esforzarse por ser preciso.* Dar lo mejor de uno mismo para "hacerlo bien"; revisar nuestras respuestas.
7. *Cuestionar y plantear problemas.* Sentir curiosidad y encontrar problemas interesantes que resolver.

© narcea, s. a. de ediciones

8. *Aplicar conocimientos pretéritos a nuevas situaciones.* Movilizar lo que ya se sabe para que sea de ayuda para aprender; buscar oportunidades para transferir competencias a nuevas situaciones.
9. *Pensar y comunicarse con claridad y precisión.* Tratar de evitar generalizaciones y vaguedades, tanto en el discurso como en la escritura.
10. *Recoger datos con todos los sentidos.* Estar abierto a toda información que provenga de distintas fuentes y de una amplia variedad de formas.
11. *Crear, imaginar e innovar.* Utilizar la imaginación para generar nuevas ideas y posibilidades.
12. *Responder con admiración y asombro.* Permitirse a uno mismo dejarse intrigar por las cosas; apreciar el misterio y la belleza del mundo.
13. *Asumir riesgos.* Atreverse a vivir al límite de nuestras competencias; tener la voluntad de "intentarlo".
14. *Aplicar el sentido del humor.* Buscar cosas que sean cómicas, extravagantes o hilarantes en la vida, ser capaz de reírse de uno mismo.
15. *Pensar de manera interdependiente.* Ser capaz de trabajar y aprender con los demás: aprender de los demás.
16. *Estar abierto al aprendizaje continuo.* Estar abierto a nuevas experiencias; tener la voluntad de admitir la ignorancia y los propios errores.

Se habrá observado que Costa y Kallick han dividido la inteligencia en una serie de componentes que difieren en gran medida de la teoría de las inteligencia múltiples. Su objetivo es ir más allá de la superficie de la mente e identificar un mayor número de aquellos instrumentos psicológicos que hacen que la orquesta de la inteligencia funcione.

Afirman que el conjunto de esos hábitos de la mente ofrece un mapa bastante detallado de las diferentes partes de la orquesta. Como sucede cuando una orquesta real toca una sinfonía, puede haber pasajes en los que toca "un solo instrumento" y tan solo nos

© narcea, s. a. de ediciones

encontremos en un estado de admiración y asombro (hábito número 12), sin hacer nada más. Pero entonces otros instrumentos se le suman, al tiempo que empezamos a emplear nuestra imaginación (núm. 11) para tratar de considerar posibles explicaciones; y entonces decidimos buscar en Internet y ver qué información podemos recavar (núm. 10). Y así empezamos a buscar en nuestra memoria para encontrar otros conocimientos que ya poseemos (núm. 8); tras lo cual puede que nos digamos a nosotros mismos "Espera un momento, ¿qué me he dejado?" (núm. 5); y antes de que nos demos cuenta, ya tenemos a toda la orquesta en acción, tocando un complicado conjunto de armonías y melodías al unísono.

El objetivo de Costa y Kallick —que este libro comparte— no es solo explicar qué aspecto tiene y cómo suena la orquesta de la inteligencia, sino hacerlo de un modo que tenga sentido para los profesores, y que les ofrezca puntos de vista prácticos a la hora de contribuir a que esos hábitos de la mente crezcan más fuertes, para intervenir de forma cada vez más sutil y eficaz. Aunque las descripciones como las de Costa y Kallick se basen en la investigación científica, también están motivadas por consideraciones educativas.

Nosotros también hemos participado en la creación y publicación de distintas variaciones de este tipo de listas, como "Las cinco R"[1]. Estas son:

1. *Inclinación para aprender:* estar preparado para aprender, emocionalmente y en la práctica, tener la voluntad de hacerlo y creer que lo puedes hacer.

2. *Recursos adecuados:* saber cómo emplear distintos planteamientos del aprendizaje.

3. *Resiliencia:* ser capaz de lidiar con la dificultad y recuperarse de la frustración y del error.

4. *Recordar:* ser capaz de recuperar diferentes estrategias de aprendizaje que hayas empleado en otros contextos.

---

[1] Se denominan "Las cinco R" porque los términos empleados en inglés empiezan por esa letra, a saber: *Readiness to learn, Resourcefulness, Resilience, Remembering* y *Reflectiveness* [N. de la trad.].

© narcea, s. a. de ediciones

5. *Reflexividad:* ser capaz de detenerse, estudiar la situación y reflexionar sobre tu propio pensamiento.

El lector habrá observado que estos puntos difieren en cierto modo de los hábitos de la mente de Costa y Kallick, pero que también y en gran medida, se solapan.

El planteamiento de las cinco R se basó, en parte, en el sistema que desarrollamos, en nuestro trabajo en las escuelas, denominado *Building Learning Power* (conocido también por sus siglas BLP). La orquesta de BLP (Claxton, 2002) se puede dividir en cuatro secciones principales (resiliencia, recursos, reflexión y relaciones).

Tres de ellas se corresponden con los puntos de la lista que se acaba de citar. Pero el BLP también despliega cada uno de estos puntos en cuatro o cinco "músculos de aprendizaje" (Dweck, 2006) más específicos, que guardan un enorme parecido con los puntos citados por Costa y Kallick.

Una vez más, hallamos fuertes similitudes. Tanto el BLP como los *hábitos de la mente* hacen hincapié en la importancia de ser capaz de lidiar con la dificultad, de ser capaz de detenerse y reflexionar, de la empatía y la escucha, de conjugar el pensamiento riguroso con la imaginación, de ser capaz tanto de colaborar con los demás como de pensar de forma independiente y de ser capaz de sumergirse en la experiencia y permitir que el asombro cristalice en el planteamiento de buenas preguntas. Pero el sistema BLP también incluyen la habilidad de concentrarse (de "gestionar las distracciones" de modo que nuestro foco de atención no se vea perjudicado) así como la habilidad de sacar provecho de los recursos materiales que tenemos a nuestro alrededor para crear, por nosotros mismos, un "sistema de apoyo para el aprendizaje" que sea eficaz. El BLP también trata de ayudar a los alumnos a ser buenos oyentes y buenos observadores de la manera que tienen los demás de plantearse el aprendizaje, de forma que estén alerta a la hora de aprovechar aquellas estrategias útiles y planteamientos que enriquezcan su propio repertorio.

Ya con anterioridad, en un trabajo previo al que ahora presentamos (Lucas, 2007) adoptamos junto a otros profesionales de la *Talent Foundation* del Reino Unido, un planteamiento levemente distinto a la hora de describir aquellos aspectos de la inteligencia (los denominamos los *16 elementos*) que están sustentados por evidencias válidas y que se pueden aprender. Inevitablemente, se solapan con los planteamientos de la inteligencia como orquesta que hemos descrito, aunque conceptos como "orientación hacia el objetivo", "apertura a la experiencia", "pensamiento intuitivo" e "intuición social" añaden ciertas posibilidades instrumentales.

Es evidente que la identificación de los instrumentos que se requieren para montar la orquesta de la inteligencia es un proceso abierto. Sin embargo, existe el consenso suficiente como para que los profesores puedan empezar a plantearse la reorganización de la enseñanza y del aprendizaje.

Para empezar a trabajar la inteligencia como un compuesto

Para empezar, la idea de la inteligencia como un compuesto se ha puesto en práctica en multitud de escuelas, tanto mediante la aplicación del esquema de las inteligencias múltiples de Gardner, como mediante la puesta en práctica de la idea de los distintos estilos de aprendizaje. Mientras los profesores estén acostumbrados a pensar en la inteligencia como en algo unitario y como en un atributo fijo, colocar a cada alumno en un punto de una escala que va desde el "brillante" hasta el "tonto" seguirá siendo algo connatural a la profesión. Los profesores suelen sentirse incómodos al suscribir, consciente o inconscientemente, las ideas que subyacen a esa escala unidimensional de capacidades y situar a determinados alumnos al final de la misma, y se plantean distintos eufemismos para no tener que exponerse a llamar "idiota" a nadie. A veces, el alumno tiene "poca capacidad", otras veces es "lento", otras "le cuesta" y otras veces "lo intenta".

Pero el advenimiento de las inteligencias múltiples y de los estilos de aprendizaje ha hecho posible situar a los alumnos no en un punto determinado de una escala, sino en términos de un perfil más variado.

A menudo, la teoría de las MI (Inteligencias Múltiples) —en parte, quizá, debido a la propia ambivalencia de Gardner respecto

© narcea, s. a. de ediciones

al tema— ha sido interpretada como la sustitución de una sola dimensión fija por ocho dimensiones igualmente fijas. Los genes condenarían a los niños y adolescentes no solo a ocupar un determinado lugar en una escala, sino a un perfil constituido por el lugar que ocupan en ocho escalas distintas. Imaginemos que Enma, por ejemplo, pueda tener una media alta en Lengua y en inteligencia interpersonal, en inteligencia lógico-matemática y en la musical, y una media baja en el ámbito físico-kinético, intrapersonal y espacial. La esperanza es que los alumnos que no han sido bendecidos con aquellas inteligencias que la escuela tradicionalmente valora —la lingüística y la lógica-matemática— podrán, aún así, tener algo de "autoestima" gracias al hecho de ser buenos en el fútbol o en las relaciones personales, porque estos campos proporcionan evidencias de la existencia de "inteligencia" y la inteligencia es un atributo que se valora.

En algunas escuelas, esta maniobra ha tenido éxito, pero en otras, a las inteligencias múltiples se le superpuso rápidamente la jerarquía tradicional de valoración, de modo que aunque todo el mundo tenía claro que todas las inteligencias son iguales, parafraseando al George Orwell de *Rebelión en la granja* podríamos decir que "algunas son más iguales que otras". La inteligencia corporal-kinestésica y la interpersonal se valoran más que antes, pero, aun así, las inteligencias que hacen que un alumno sea amable o se le de bien la gimnasia cuentan menos que las que intervienen en las ecuaciones o en la redacción de un escrito.

Incluso las escuelas que creían que era posible ayudar a los alumnos a mejorar en las ocho inteligencias —para ser más listos de ocho formas distintas— también solían caer en la trampa de utilizar las inteligencias múltiples como un nuevo contenido curricular del que ser consciente, que recordar y recitar empleando las mismas competencias lógicas y didácticas de siempre. Hemos observado aulas en las que, por ejemplo, los alumnos repetían fórmulas simplificadas para cada una de las "inteligencias" y en las que se les pedía que "las debatieran" en términos más bien vagos. Así que en vez de valorar y desarrollar, por ejemplo, la inteligencia interpersonal y espacial, se dedicaban, simplemente, a tratarlo como una materia más a aprender y recordar, y este tipo de comprensión limitada y de memorización por repetición es poco probable que se traduzca en el desarrollo, por parte de los alumnos, de maneras distintas de utilizar sus mentes.

Para profundizar: ejemplos de experiencias educativas

Describir de una forma más rica y más completa la orquesta de la inteligencia puede ayudar a los profesores a pensar en cómo planear sus clases. La obra de Costa y Kallick, por ejemplo, está repleta de ideas sobre cómo trasladar los hábitos de la mente al aula. Vamos a ofrecer un breve apunte extraído del trabajo de algunos profesores del Reino Unido que han experimentado con el esquema de *Building Learning Power (BLP)*.

Trabajando el "músculo de hacer preguntas" en clase de Ciencias

Un grupo de sexto de primaria (10-11 años) está embarcado en una clase de ciencias. El tema es el de los imanes. Su profesora, ha distribuido por el aula distintos experimentos que quiere que los niños lleven a cabo. Los alumnos deben desplazarse por el aula en grupos de tres, seguir las instrucciones de las tarjetas y observar el comportamiento de los imanes propuesto en cada experimento. Así de complejo y de tradicional al mismo tiempo. Sea como sea, cuando se sientan, la profesora les habla a los niños acerca de "qué músculo del aprendizaje van a fortalecer hoy". Hace referencia a un mural de la clase en el que están pegadas unas láminas que describen cada uno de los "músculos de aprendizaje" (con los que los niños están cada vez más familiarizados). Les explica que quiere que trabajen los "músculos encargados de hacerse preguntas" y les explica que su tarea, una vez realizados cada uno de los experimentos, es ver si pueden imaginar qué tipo de preguntas haría un científico. "Una vez observado cuál es el comportamiento de los imanes, ¿qué preguntas os planteáis?", dice la profesora.

Al final de la clase, reúne de nuevo a los grupos de alumnos para que compartan sus observaciones y preguntas y entonces ani-

© narcea, s. a. de ediciones

ma a los niños a discutir qué hace de una pregunta una buena pregunta, digna de un científico. En seguida los niños se enfrascan en un intenso debate acerca de la falsabilidad y la naturaleza de la evidencia —a pesar de que aún no se les haya introducido en el uso de dichos términos—. Abandonan la clase habiendo aprendido algo acerca de los imanes y también habiéndole dado forma a la idea de que existen distintos tipos de preguntas, adecuadas a distintos tipos de tareas.

Trabajando el " músculo de la empatía" en clase de Historia

Ahora pasemos a una clase de Historia de alumnos de doce y trece años. Están estudiando la dinastía de los Tudor. Han estado aprendiendo todo lo relacionado con la reina Isabel I y María, reina de Escocia, y las maquinaciones de la corte real. Ahora su profesora, les ha pedido que escriban acerca de un acontecimiento importante, pero a través de la mirada de distintos protagonistas. Se les pide que se imaginen qué aspecto tienen los personajes: Isabel, María y Lord Burleigh, el Ministro de Estado de confianza de la Reina Isabel. Les anima a "ser empáticos" y a tratar de imaginar tan vivamente como puedan la perspectiva de cada personaje (lo hacen en grupos de tres) y describir cuál ha sido su experiencia a la hora de sostener puntos de vista tan distintos.

La profesora dice que quiere que "ejerciten realmente esos músculos de la empatía". Al final del periodo de redacción, les pide a los alumnos que hablen con el compañero que tengan al lado sobre qué les ha resultado más difícil del ejercicio y si han sido capaces de tener en cuenta diferentes perspectivas, con el mismo grado de viveza y al mismo tiempo. Como deberes para hacer después en casa, les pide que piensen en una situación de su propia vida que sea análoga, y que escriban una obra de teatro corta que muestre, con sus propias palabras, tres puntos de vista distintos.

Ambas profesoras tienen una visión global de los distintos "grupos de músculos" que actúan juntos para conformar la inteligencia. Como haría todo buen entrenador, no tratan de que ejerciten todos los músculos a la vez, sino que se aseguran de que los distintos hábitos de la mente que piden a los alumnos que pongan en juego, estén bien ejercitados al término del curso. Y se aseguran de compartir el mapa de la inteligencia compuesta con los alumnos, y de debatirlo e ir perfeccionándolo a medida que van avanzando.

Hoy vamos a aprender sobre:	Hoy vamos a ejercitar nuestros músculos:
Cómo funcionan los imanes	Encargados de hacerse preguntas

Hoy vamos a aprender sobre:	Hoy vamos a ejercitar nuestros músculos:
Los Tudor	De la empatía

Figura 1.1. La clase en dos vertientes paralelas

Una herramienta útil:
"LA CLASE EN DOS NIVELES PARALELOS"

Esta es una clase planificada según dos objetivos complementarios. Uno está relacionado con el contenido: la competencia o el conocimiento que el profesor quiere que adquieran sus alumnos. El segundo está relacionado con el "músculo del aprendizaje" (el aspecto de la inteligencia aprendida) que la profesora quiere que ellos ejerciten y por tanto fortalezcan, mientras trabajan en el tema.

Ambos objetivos se despliegan claramente y se hace referencia a ellos a lo largo de la clase.

Cuestiones para reflexionar

En clases como estas podemos observar cómo los profesores hacen uso del vocabulario ligado a los hábitos y marcos que constituyen la mente para construir unas actividades que sirven a dos propósitos distintos. No se trata de tirar por la borda el contenido en favor del énfasis en el proceso de aprendizaje. Los alumnos siguen aprendiendo Historia y Ciencias. La única diferencia es que el contenido se emplea, de forma imaginativa, como base sobre la que ejercitar cada uno de los músculos de aprendizaje.

Para ayudar a reflexionar sobre cómo poner en práctica algunas de las ideas que giran en torno a la inteligencia entendida como un compuesto, sugerimos reflexionar las siguientes cuestiones:

Como hemos sugerido, quizás alguien quiera profundizar en estos pensamientos en solitario. Otros quizá trabajen mejor mediante el debate con sus colegas, o incluso directamente con sus alumnos. ¿Tú qué opinas?

⇨ ¿Cuáles de las ideas de este capítulo me ha parecido que tienen una utilidad más práctica? ¿Las hay que me parecen demasiado teóricas, por el momento, como para poder pensar en la posibilidad de emplearlas? ¿Valdría la pena compartir algunas de estas posibilidades con un colega?

⇨ ¿Cómo podría ayudar a mis alumnos para que tengan más autodisciplina? ¿Hay alguna historia o ejemplo que pueda compartir con ellos y que se base en cómo ese tipo de autocontrol me ha ayudado a mí o a otras personas a alcanzar nuestras metas?

⇨ ¿Cómo hacer para que la utilización de términos como "hábitos de la mente" o "músculos de aprendizaje" modifiquen mi práctica? ¿Es posible que los alumnos se planteen de otra forma la dificultad si la contemplan como un simple "esquema mental"?

⇨ ¿Puedo darles más responsabilidad a los alumnos a la hora de diseñar sus propios esquemas mentales y de seleccionar por sí mismos los aspectos de su inteligencia que quieren tratar de mejorar?

© narcea, s. a. de ediciones

⇨ ¿Cuál sería la mejor forma de discutir estas ideas con los colegas, de modo que pudiera implicar a los profesores más "tradicionales" y a aquellos que son más afines a este tipo de ideas?

⇨ ¿Hay algún aspecto de mi propio pensamiento o de mi forma habitual de hacer las cosas que hace que me sea difícil incorporar ciertas ideas de este capítulo a mi propia didáctica?

2. La inteligencia es Expandible

Algunos de los filósofos contemporáneos han asumido como cierto el deplorable veredicto de que la inteligencia individual sea un atributo fijo que no puede modificarse.
Debemos protestar y actuar en contra de ese pesimismo brutal; no tiene ningún tipo de fundamento.

ALFRED BINET (1909)

"Buenas noticias: ¡basta con que *creas* que puedes ser más inteligente para que esa posibilidad se convierta en una realidad!".

Este es el emocionante hallazgo de la investigación más importante de la profesora Carol Dweck y sus colegas (2007). Dweck trabajó con un grupo de alumnos del último curso de primaria de una escuela de Nueva York y, durante el transcurso de ocho semanas, dedicó un total de tres horas a enseñarles que la inteligencia se puede expandir, persuadiéndoles de que sus cerebros se parecen más a un músculo en crecimiento

> "Buenas noticias: ¡basta con que creas que puedes ser más inteligente para que esa posibilidad se convierta en una realidad!"

que a un frasco de una determinada medida, y animándoles a contemplar el aprendizaje como una cuestión de esfuerzo y de estrategia en vez de como una "habilidad".

Al final del curso, su implicación y su comprensión matemática se compararon con las de otro grupo al que se le había enseñado estrategias de memoria —pero no la maleabilidad de la inteligencia— durante el mismo periodo de tiempo. El primer grupo había elevado significativamente su nivel de implicación inteligente con el aprendizaje, mientras que el segundo no. Con solo tres horas de información y de aliento, estos alumnos "se habían vuelto más listos".

Cuando Dweck reflexiona en torno a cómo una intervención tan limitada como esta es capaz de tener un efecto tan positivo en los alumnos, a pesar de la diversidad de sus bagajes, apunta la idea de que buena parte del efecto de dichos bagajes se destila en actitudes mentales y creencias sobre uno mismo que llegan a conformar al alumno. Y este "equipaje mental", tal y como ella lo denomina, puede reorientarse y alterarse de forma directa.

Comprender la inteligencia expandible

Como vimos en el capítulo anterior, es interesante notar que el fundador del IQ (Cociente Intelectual o CI), Alfred Binet, no creía que la inteligencia fuera una facultad unitaria, separada del resto de aspectos de la psicología de la persona. Tampoco creía que la inteligencia fuera un atributo fijo. Como muestra la cita que abre este capítulo, era consciente del peligro de que su test se empleara para sostener el "brutal pesimismo" de la inteligencia fija, y hacía hincapié en que la gente no cayera en esa trampa. La historia, lamentablemente, nos dice que cientos de profesores, así como multitud de padres, pedagógos y especialistas, cayeron en el mismo error del que Binet, tan claramente, nos había advertido.

> "Muchos niños sufren el abuso diario de ser tratados como si sus éxitos y fracasos en el aprendizaje fueran una guía fiable de la capacidad inalterable y genérica de su mente."

Parte de la responsabilidad de esta situación se puede atribuir a una mala y muy arraigada interpretación de la relación entre lo innato y lo adquirido. Los primeros estudios en torno a cómo se "hereda" la inteligencia dieron por sentado que se podía separar la proporción que era fija —predeterminada por la genética— de la proporción abierta a la influencia de la propia experiencia individual. Pero esta simplificada distinción entre dos conjuntos de influencia no refleja la realidad. Los genes no se expresan por sí mismos y de forma indefectible, conformando una jaula determinada biológicamente que define y limita el espacio de crecimiento y de desarrollo. Por el contrario, la experiencia juega un poderoso papel a la hora de determinar cómo y cuándo se expresarán los genes. Veamos cómo lo explica Matt Ridley (2004):

> "Para poder apreciar qué es lo que ha sucedido en (la ciencia actual) debes abandonar las ideas preconcebidas y abrir tu mente. Tendrás que entrar en un mundo en el que tus genes no son una especie de titiritero que mueva los hilos de tu comportamiento, sino que son títeres a merced de tu comportamiento; un mundo en el que el instinto no es lo opuesto al aprendizaje, en el que las influencias ambientales, a veces, son menos reversibles que las genéticas, y en el que lo innato viene diseñado por lo adquirido. Los genes están diseñados para seguir los consejos de lo adquirido".

La inteligencia está sometida a influencias genéticas, pero estas distan mucho de actuar como una sentencia de por vida. Una investigación de Robert Plomin, un estudioso de la genética conductual, del Instituto Psiquiátrico de la Universidad de Londres, identifica seis genes que están fuertemente asociados con los resultados de los test de inteligencia. Tomados en conjunto, determinan tan solo un uno por ciento de variación de la inteligencia (Coghlan, 2007:272-274). Como máximo, parece que los genes establecen un "horizonte de posibilidades" general, que viene modificado radicalmente por la influencia y por la experiencia. Lo que interesa ahora a los estudiosos de la genética no es el descubrimiento de una suerte de parco determinismo biológico,

> **"La inteligencia está sometida a influencias genéticas, pero estas distan mucho de actuar como una sentencia de por vida."**

sino cubrir las lagunas que existen en torno a la forma en que los genes se activan o no, emergen o quedan latentes por el efecto bioquímico del entorno en el que se hallan; y todas las maneras en las que dicho entorno físico viene modificado de forma tan potente y continuada por la experiencia y la conducta.

No hay ya, verdaderamente, ninguna justificación científica, si es que alguna vez la hubo, para colgarles a los niños una etiqueta que indique que poseen más o menos "inteligencia", más o menos "habilidades" o el nuevo eufemismo de moda: más o menos "potencial".

Por supuesto, nada de esto significa que se niegue que los niveles de rendimiento y de adquisición difieran de un niño a otro (lo que denominamos sus "capacidades"), de distintas formas, que todos evaluamos. Si observamos a cualquier grupo de alumnos veremos que siempre habrá quienes lo hagan mejor y quienes lo hagan peor, no importa cuál sea el contenido de la clase. También se podría argumentar que, en cualquier circunstancia, puede ser eficaz y de gran ayuda agruparles según sus "capacidades", como sucede, por ejemplo, en cualquier clase de educación física o de danza. Pero se trata de una cuestión práctica que tiene que ver con el modo de ayudarles a mejorar. No implica imponer un límite a su desarrollo. El límite lo añadimos cuando ponemos en juego la etiqueta de las "habilidades": convierte las capacidades de las personas en una predicción fatalista respecto a lo que se puede esperar de ellas. Y no existe ninguna justificación científica para hacerlo.

> "No hay ya, verdaderamente, ninguna justificación científica, si es que alguna vez la hubo, para colgarles a los niños una etiqueta que indique que poseen más o menos "inteligencia", más o menos "habilidades" o el nuevo eufemismo de moda: más o menos "potencial"."

Mentalidades en crecimiento

Existe otro argumento en torno a la cuestión de si la inteligencia es algo fijo o algo que se puede expandir que es aun más importante que el argumento científico. Es de suma importancia lo que la gente *confíe* en su inteligencia: si cree que es fija o si cree que se puede expandir. Sean o no conscientes de ello, algunas personas tienden a pensar que nacieron con una capacidad mental fija que determinará lo lejos que puedan llegar o lo rápido que puedan hacerlo. Otras personas tienden a creer que con la mente sucede como con los cuerpos: las hay de diferentes tamaños u formas, pero todo el mundo puede ponerse en forma y lograr estar más fuerte. Sus músculos mentales se ven beneficiados por el ejercicio, y cuanto más ejerciten su cerebro, más flexible será (evidentemente, el cerebro no es un músculo; esta es solo una metáfora). Carol Dweck, cuya investigación citamos al principio de este capítulo, ha mostrado, a lo largo de más de veinte años de estudio, que los efectos de las distintas creencias que la gente tiene respecto a cómo funciona el aprendizaje son verdaderamente importantes.

> "Algunas personas tienden a creer que con la mente sucede como con los cuerpos: las hay de diferentes tamaños u formas, pero todo el mundo puede ponerse en forma y lograr estar más fuerte."

Siguiendo con la analogía física, la gente que cree que su mente, como su cuerpo, puede ponerse en forma y fortalecerse gracias al ejercicio, tiende a disfrutar de los desafíos que implica su entrenamiento. Les gusta esforzarse porque, en el fondo de su mente se halla la creencia de que luchar contra la dificultad suele ser provechoso. No se preocupan por si otra persona se enfrenta con más facilidad al mismo desafío, porque están compitiendo contra ellos mismos, no contra la persona que tienen al lado.

La gente que cree que su mente es fija, por otro lado, es más probable que contemple los desafíos como una amenaza para su supuesto nivel de habilidad, y huya de aquellas situaciones en las que podría quedar como un "idiota" o sentirse como tal. No les gusta tener que probar cosas nuevas o cometer errores, porque interpretan que se está demostrando que su nivel fijo de inteligencia es inadecuado. Es más probable que eviten dichos desafíos, se enfaden o, si todo lo demás falla, opten por el engaño.

¿De dónde provienen estas mentalidades tan diferentes? En general, según los hallazgos de Dweck, se derivan de la forma en que los padres, los profesores y los compañeros o amigos de mayor edad responden ante los éxitos y los fracasos de niños y adolescentes. Como la gripe, estos sistemas de creencias suelen ser muy contagiosos. Si se elogia a los niños por ser listos, es probable que caigan en una mentalidad de tipo "tengo que tratar de parecer listo". Si se les anima a persistir, a esforzarse, a disfrutar de la dificultad y a considerar nuevas estrategias, aumentan las probabilidades de que desarrollen una actitud basada en la idea de que "la mente es un músculo". Como señala Carol Dweck (2006):

> "Si los padres desean hacerles un regalo a sus hijos, lo mejor que pueden hacer es enseñar a los niños a amar los desafíos, a sentirse intrigados por los errores, a disfrutar del esfuerzo y a seguir aprendiendo. De este modo, sus niños no tendrán que ser unos esclavos del elogio. Tendrán un largo camino por delante para construir y reparar la propia confianza en sí mismos".

Lauren Resnick (1999), la decana de la *American Intelligence Researchers*, lo resume así:

> "Los alumnos que, durante un amplio periodo de tiempo, son tratados como si fueran inteligentes, se vuelven más inteligentes, de hecho. Si se les enseña exigiendo contenido, y se espera que se expliquen y que establezcan relaciones entre distintos elementos, etc., entonces aprenden más y más rápidamente. Llegan a pensar en ellos mismos como sujetos que aprenden. Son más capaces de enfrentarse a los fracasos".

Así que la clave de la expansión de la inteligencia tiene mayor relación con las creencias sobre uno mismo que con una hipotética noción de lo que son las "habilidades" de la persona. Esas creencias sobre uno mismo adoptan distintos términos dentro de la bibliografía psicológica. Carol Dweck lo llama "mentalidad en crecimiento" u "orientación dominante". Es la profunda creencia, que nace de la experiencia de que esforzarse por aprender es algo que merece la pena hacer, porque es probable que tenga sus frutos, tanto en términos de fortalecer la inteligencia misma como en cuanto a las ventajas que la persona hallará, gracias a eso, en su futuro. Se contrapone a la "mentalidad fija" o a la "orientación que tiende a no ser de ayuda", en la que el esfuerzo se vive como algo doloroso y a menudo sin sentido, porque la persona *no cree* que sea provechoso.

Dichos sistemas de creencias no son necesariamente conscientes, pero se revelan claramente a través de los patrones que generan y en las respuestas inmediatas a cuestiones sencillas tales como: "¿Crees que es posible volverse más listo o que todos nacemos con una determinada 'cantidad' de inteligencia?"

Psicología positiva

El concepto de *auto-eficacia* de Bandura (1997) y el de *locus de control* de Julian Rotter (1972) se relacionan con esta idea. Ambos se refieren tanto a si uno cree que lo que puede hacer es capaz de cambiar las cosas, como si uno se cree mera víctima de ciertos acontecimientos que no puede controlar. Y en el campo conocido como *psicología positiva* existen fuertes evidencias que demuestran que el optimismo (la creencia de que las cosas, en conjunto, irán bien) está relacionado con la felicidad de las personas, su implicación en la vida y en los proyectos e incluso en la forma en la que el sistema inmune responde ante el estrés (Segerstrom et al, 1998).

Martin Seligman (1991), el padre del movimiento de la psicología positiva, acuñó el concepto de *optimismo aprendido* para describir el conjunto mental positivo que todos podemos cultivar y que nos será de ayuda para tener más éxito en el aprendizaje y en la vida. Seligman sugiere que el mundo se divide en dos clases de personas. En un grupo estarían los optimistas, y en el otro los pesimistas. Todo depende del modo en que uno se explique las cosas que le suceden; esto es, en nuestro "estilo explicativo". Seligman señala que el estilo contiene tres elementos: *Permanencia, Presencia* y *Personalización* ("las 3 P").

¿Nos hemos preguntado alguna vez por qué personas que parecen ser igual de inteligentes pueden tener actitudes tan distintas respecto a lo que hay que hacer? Algunas personas son de aquellas que ven el vaso siempre medio lleno y que siempre ven el lado bueno del problema, mientras otras suelen ver el vaso medio vacío. (La cómica americana Joan Rivers afirma que es tan pesimista que no es que vea el vaso medio vacío, ¡es que cree que alguien ha robado el vaso!).

Algunas personas, cuando algo va mal, se quedan fuera de juego en el primer momento para en seguida desarrollar una forma de ver las cosas que les permita verlo como una desgracia aislada, mientras que otros, inmediatamente, lo integran en un patrón general hecho de fracasos y de mala suerte.

"Las 3 P" nos ayudan a explicar esto:

✓ *Permanencia*: Cuando las cosas van mal, los optimistas lo ven como un contratiempo momentáneo, y los pesimistas como algo que sucede una y otra vez. Un pesimista pensará: "Estas cosas SIEMPRE me pasan a mí y los efectos persistirán para siempre".

✓ *Presencia*: Cuando las cosas van mal, los optimistas consideran que la causa se halla en esa determinada situación, y los pesimistas lo consideran como algo que recorre su vida. Un pesimista dirá: "Estas cosas SIEMPRE me pasan a mí y es algo que está presente en todo lo que hago".

✓ *Personalización*: Cuando las cosas van mal, los optimistas toman el control de los acontecimientos, mientras que los pesimistas caen en la depresión, imaginando que el mundo entero está en su contra. Un pesimista dirá: "Estas cosas siempre me pasan a MÍ".

> "El optimismo aprendido, como la inteligencia aprendida, es, en cierto modo, lo opuesto al aprendizaje de la impotencia o de la falta de poder del aprendizaje que tan a menudo se escenifican en la escuela, donde los alumnos han sucumbido a la creencia castradora de que tienen muy poco poder a la hora de cambiar su suerte en la vida y que su esfuerzo no cuenta demasiado."

En el capítulo anterior hicimos un esbozo de los elementos que conforman la inteligencia (los diferentes instrumentos de la orquesta de la inteligencia). Este capítulo sugiere que todos esos instrumentos se pueden tocar mejor; o para emplear una metáfora distinta, que podemos tensar cada uno de los hilos que conforman el complejo tejido de la inteligencia. ¿Pero qué es exactamente lo que se tensa? La respuesta a esta pregunta, surgida a finales de los noventa, ha ido modificándose.

Para empezar a trabajar una inteligencia en expansión

En los primeros tiempos del estudio de "aprender a aprender", la gente se preguntaba si hacer que la gente fuera más lista consistía en brindarles *técnicas* y *estrategias* (para gestionar su tiempo u organizar sus apuntes, por ejemplo). Pero en seguida resultó obvio que, aunque esos "trucos" puedan ser útiles en ciertas circunstancias, realmente no tienen como resultado una profunda expansión del conjunto de la inteligencia. Por ejemplo, puedes enseñar a los alumnos a hacer diagramas (también denominados "mapas mentales" o "mapas conceptuales") que muestren cómo se conectan las ideas entre sí y les ayuden a memorizarlas; pero no se puede afirmar, realmente, que esta pequeña y útil técnica sea la clave para vivir una vida feliz y plena.

El estudio de la inteligencia en expansión siguió adelante y se centró en buscar cuáles son aquellas *competencias* que se pueden enseñar o entrenar. Los cursos se diseñaban para enseñar "competencias para pensar", o "competencias críticas". Se entrenaba a los alumnos, mediante diversos juegos y ejercicios, para que fueran capaces de argumentar de forma más racional, detectar fallos de lógica en los argumentos de los demás y considerar las réplicas a sus propias posturas, por ejemplo.

Aprendían cómo usar los famosos seis sombreros de Edward de Bono para ser más imaginativos, escépticos o para buscar información.

Estas ideas solían ser bien recibidas por el alumnado, y los datos muestran que, en el contexto de esos cursos, la calidad de su pensamiento mejoraba. Pero si lo analizamos con más detenimiento, vemos que los resultados no eran tan optimistas. A menudo estos no eran definitivos o no se trasladaban a otras situaciones. David Perkins (1995), que ha realizado investigaciones en esta árca, ha mostrado que, a menudo, las competencias adquiridas de este modo son *inertes;* es decir, se recuerdan cuando se hace referencia directa a las mismas, pero no nos vienen a la cabeza de forma espontánea y cuando las necesitamos.

Estos resultados revelan un fallo potencial cuando se trata de pensar en la inteligencia como algo que está formado por competencias. Las "competencias" son lo que *puedes hacer*, pero no necesariamente lo que *haces*. La respuesta a la pregunta de "¿puedes tocar el piano?" es distinta a la respuesta a la pregunta de "¿tocas el piano?". Y, volviendo a una analogía que antes hemos citado, no tiene mucho sentido tener toda una orquesta de instrumentos inteligentes en tu cabeza si la mitad de esos instrumentos están guardados "en una caja" y no se tocan jamás. Tenemos que pensar en la inteligencia como en un compuesto no de competencias, sino de

© narcea, s. a. de ediciones

disposiciones, o lo que antes hemos denominado como "hábitos de la mente". Así, parte del hecho de ser inteligente estriba en estar listo, tener la voluntad y ser capaz de sentir curiosidad y formular preguntas. Otro aspecto estriba en estar listo, tener la voluntad y ser capaz de utilizar la imaginación de distintas formas. Un último aspecto estriba en estar listo, tener la voluntad y ser capaz de perseverar en la dificultad. Y así, sucesivamente.

Si queremos ayudar a los chicos y chicas a expandir su inteligencia, debemos estar por la labor, no de entrenar competencias, sino de *cultivar disposiciones*. Tenemos que encontrar formas de ayudarles a estar más preparados y a tener una mayor voluntad a la hora de hacer uso de sus instrumentos mentales, así como a ser capaces de tocarlos. "Estar listo" significa estar al tanto de las oportunidades que aparecen para plantear preguntas, perseverar y ser imaginativos. No esperas a que el mundo te ofrezca el disparo de salida, sino que estás, por disposición, motivado y decidido a pasar a la acción. Ayudar a alguien a desarrollar esa preparación significa ayudarle a desarrollar lo que Perkins denomina "sensibilidad para la ocasión". Y eso significa brindarle una amplia gama de experiencias en las que plantearse preguntas, razonar e imaginar, de forma que esos hábitos de la mente se desvinculen —relativamente— de tareas específicas y materiales, y se activen en función de un propósito más general.

> "De modo que tenemos que pensar en la inteligencia como en un compuesto no de competencias, sino de disposiciones o lo que antes hemos denominado como "hábitos de la mente". Así, parte del hecho de ser inteligente estriba en estar listo, tener la voluntad y ser capaz de *sentir curiosidad y formular preguntas*. Otro aspecto estriba en estar listo, tener la voluntad y ser capaz de *utilizar la imaginación* de distintas formas. Un último aspecto estriba en estar listo, tener la voluntad y ser capaz de *perseverar* en la dificultad. Y así, sucesivamente."

"Tener la voluntad de" significa sentirse inclinado a hacer uso de cada uno de los hábitos, incluso aunque no se cuente con demasiado apoyo. Tener una fuerte disposición para plantearse preguntas significa que no puedes evitar plantear preguntas, aunque tu profesor esté deseando que toque la campana o tu entrenador se esté impacientando o esté perdiendo los nervios. La disposición se vuelve cada vez más fuerte. De modo que para ayudar a los demás a desarrollar esa fuerza, debes ir dejando, gradualmente, de espolearles, animarles y guiarles hasta que los hábitos de la mente formen parte de su naturaleza: hasta que conformen su manera de ser.

Y "ser capaz de" tiene que ver con la destreza. Alguien que es capaz de imaginar y de plantearse preguntas es alguien que hace un uso rico y flexible de su imaginación y de su curiosidad. Estas personas tienen la fluidez y la variabilidad del experto, son capaces de formular bien sus preguntas y de emplear su imaginación de forma variada y para distintos propósitos. Ayudar a otro a razonar mejor y con mayor destreza, implica ayudarle a desarrollar una gama de distintas estrategias y planteamientos que pueda poner en práctica cuando lo necesite.

Otro planteamiento inicial y comprensible de la didáctica vinculada a la capacidad de expansión de la inteligencia fue la creencia de que elogiar a los niños siempre es algo bueno. Según este planteamiento, elogiar a quien aprende es bueno porque mejora su autoestima, le da confianza y demuestra que se le valora. Es fácil entender por qué se sostienen este tipo de creencias. De hecho, a primera vista, parece que sean adecuadas y que se puedan aplicar a todo el mundo.

Pero si profundizamos un poco más nos encontraremos con que elogiar a alguien que está aprendiendo no siempre es tan buena idea. Por ejemplo, si te elogian por cosas que te resultan fáciles, el elogio puede reforzar que creas en una inteligencia fija e implicar, aunque sea sutilmente, que invertir esfuerzo en las cosas es algo poco beneficioso ("la gente inteligente lo hace sin esfuerzo"). En cambio, si señalamos algunos aspectos de tu esfuerzo que deban mejorar, entonces el mensaje resulta claro: el esfuerzo contribuye a hacer que seas más inteligente. Un exceso de elogio, especialmente cuando en realidad se trata, simplemente, de felicitarte por ser inteligente,

> **"**Un exceso de elogio, especialmente cuando en realidad se trata, simplemente, de felicitarte por ser inteligente, puede ser dañino. Puede fomentar una cultura irracional de la competitividad que contribuya a la permanencia de esquemas mentales fijos en vez de al cultivo de un alumnado que crea en la flexibilidad de su inteligencia.**"**

puede ser dañino. Puede fomentar una cultura irracional de la competitividad que contribuya a la permanencia de esquemas mentales fijos en vez de al cultivo de un alumnado que crea en la flexibilidad de su inteligencia.

Algunos críticos (Bronson, 2007) han ido un poco más lejos y han señalado que la cultura del elogio es un signo de un tiempo en el que, movidos por un intento de ayudar a nuestros jóvenes a pensar que son especiales, hemos perdido la habilidad de tomar nota de sus verdaderos esfuerzos. Por el contrario, estamos educando a una generación de chicos y chicas excesivamente elogiados que siguen buscando nuestra aceptación, en vez de dedicarnos a pensar en qué es lo que realmente necesitan para perseguir sus propios sueños y sus propias pasiones.

Para profundizar: ejemplos de experiencias educativas

Pensar en cómo las escuelas pueden expandir la inteligencia es una cuestión apenas emergente y aún no contamos con mucha práctica en la que poder basarnos. Carol Dweck ha trabajado en una intervención escolar a la que nos referimos al principio de este capítulo, conocida como "Estudio del cerebro", y que introduce a los alumnos en la idea de la capacidad de expansión de la inteligencia. Resulta interesante notar que se centró en alumnos de diez y once años del Reino Unido, un momento en el que el alumnado pasa a la educación secundaria y abandona la escuela (Dweck, 2006). La actividad empieza brindándoles a los alumnos una nueva metáfora del cerebro y de su funcionamiento:

> "Mucha gente cree que el cerebro es un misterio. No saben gran cosa acerca de su inteligencia y sobre cómo funciona. Creen que las personas nacen inteligentes, medianamente listas o tontas y siguen siéndolo durante toda su vida. Pero la investigación actual muestra que el cerebro es más parecido a un músculo que va cambiando y se va fortaleciendo a medida que lo utilizas. Y los científicos han sido capaces de mostrar precisamente que, con el aprendizaje, el cerebro crece y se fortalece".

Dweck explica cómo cambia físicamente el cerebro y cómo crece al establecer nuevas conexiones, que conforman nuevos senderos neuronales. A lo que le siguen ocho sesiones de distintas actividades. Esto permite a los alumnos observar, precisamente, que lo que creen sobre ellos mismos influye en su rendimiento y además, que el esfuerzo realmente importa. En esencia, se les inculca a los alumnos que ellos son los responsables de su mente y, en consecuencia, sus resultados, especialmente en matemáticas, mejoraron de forma significativa.

Existen muchas intervenciones en escuelas que miran al fortalecimiento de grupos específicos de ciertos "músculos del aprendizaje". Los hábitos de la mente de Art Costa y Bena Kallick y el planteamiento del programa de *Building Learning Power,* de Guy Claxton, están repletos de sugerencias prácticas sobre cómo entrenar el cerebro de los alumnos. Ambos planteamientos se centran en tratar de construir una cultura fuerte y duradera en la escuela que vaya más allá del mero añadido de un conjunto de "trucos", o de ignorar la importancia que tiene el desarrollo de una mente que esté "lista" y "motivada" para aprender.

Dado que estos planteamientos son relativamente nuevos, y aunque existen muchos estudios de caso que recogen intervenciones exitosas, aún hay pocas evaluaciones independientes y a gran escala que den cuenta de su eficacia. La realización de esas evaluaciones es un importante paso a dar.

Una herramienta útil:
"El diálogo expansivo"

A continuación presentamos un conjunto de preguntas que los profesores suelen encontrar de utilidad para ayudar a sus alumnos a centrarse en lo mucho que pueden desarrollarse cuando se enfrentan a un determinado ejercicio o aprendizaje:

- ¿Qué es lo que está yendo mejor?
- ¿Qué es lo que te resulta más difícil?

© narcea, s. a. de ediciones

- ¿Cómo te enfrentas a ello?
- ¿Qué puedes hacer cuando te quedas trabado en ello?
- ¿Qué lo haría más sencillo para ti?
- ¿Qué errores has cometido que hayan supuesto un aprendizaje para ti?
- ¿Cuentas con algún conocimiento que te pueda ser de ayuda?
- ¿Cómo ayudarías a otra persona a enfrentarse a eso?
- ¿Cómo podría haberlo enseñado mejor?
- ¿Podrías aplicarlo en otras clases?
- ¿Podrías identificar alguna idea o algún comportamiento tuyo que haga que esto sea más difícil?
- ¿Qué has sentido al terminar?

Cuestiones para reflexionar

Durante mucho tiempo las escuelas se han dirigido mediante dos ideas: el rendimiento y el esfuerzo. O dicho de otro modo: lo listo que eras y lo mucho que te esforzabas. Resulta que existe una tercera mentalidad: cuán listo crees que eres y hasta qué punto crees que el esfuerzo importa.

Para ayudarte a pensar en cómo poner en práctica las ideas ligadas a la capacidad de expansión de la inteligencia y el papel que juega la mentalidad que se tenga, quizás puedas plantearte las siguientes cuestiones:

⇨ ¿Debería volver a considerar cómo utilizo el elogio y qué es lo que pretendo lograr con él? Cuando elogio a mis alumnos, ¿qué pretendo realmente? ¿Puedo dejar de centrarme en el elogio y el fomento de objetivos y centrarme en los procesos y en los niveles de implicación?

LA INTELIGENCIA ES EXPANDIBLE

⇨ En el fondo, ¿hasta qué punto suscribo una visión fija de la inteligencia? ¿Hablo a veces en términos de niveles de "habilidad" fijos, aunque no tenga clara la validez del concepto de la mente que subyace a los mismos? ¿Sería tan difícil cambiar todas esas ideas, que he sostenido durante tanto tiempo, respecto a la inteligencia? ¿Qué me ayudaría a cambiarlas?

⇨ ¿Podría llevar a cabo un experimento como el de Carol Dweck con mis alumnos? ¿Podría hablarles de su cerebro y explicarles que es como un músculo que se fortalece con el ejercicio?

⇨ ¿Utilizar el concepto de las "disposiciones" me ayudaría a hablar de estas ideas con mis colegas? ¿Puedo aplicar la idea de ayudar a los alumnos a estar más preparados y más deseosos a la hora de activar diferentes aspectos de su inteligencia? ¿De qué forma se reflejaría en una clase?

⇨ ¿Hay disposiciones o hábitos de la mente que sean más importantes que otros? ¿Cómo podría responder a esta pregunta?

⇨ ¿Cuál creo que es la mejor forma de ayudar a los chicos para que desarrollen una mentalidad en crecimiento dentro del contexto del aprendizaje escolar? ¿Existe la posibilidad de ayudarles a trazar un puente entre el mundo de la escuela y su casa?

⇨ ¿Qué podría hacer para ayudar a los padres a que cultiven en sus hijos una mentalidad en crecimiento? ¿De qué modo podría comunicarme con los padres para que le den más importancia y elogien en mayor medida el esfuerzo en vez del rendimiento?

⇨ ¿Podemos utilizar la redacción de informes como una forma de ayudar a los alumnos a que vean que están expandiendo su inteligencia? ¿Podemos hacerlo mejor a la hora de registrar y celebrar ciertos aspectos de su crecimiento mental?

© narcea, s. a. de ediciones

3. La inteligencia es Práctica

La mano es la vanguardia de la mente.

JACOB BRONOWSKI (1974)

Dos cazadores, en el bosque, se encontraron de repente frente a un gran oso pardo. Uno de ellos, de inmediato, buscó en su mochila sus zapatillas de deporte y se las puso. El otro le dijo, despectivamente: "¿No creerás que puedes correr más rápido que un oso adulto, no?". "No", respondió el primero, "lo que pretendo es correr más rápido que tú".

POPULAR

Alan Turing, el gran matemático, era, sin duda, una persona extraordinariamente inteligente. Durante la Segunda Guerra Mundial se dedicó a desentrañar códigos alemanes realmente complejos e imposibles y muchos lo consideran como el padre de la ciencia computacional. Tenía una bici con la que iba cada día a trabajar, en Cambridge, y la cadena se le caía muy a menudo. Cogió un bote de aguarrás y un trapo y los llevó a su despacho para limpiarse el aceite de las manos. Pasado un tiempo, se percató de que la cadena se caía tras un determinado número de revoluciones. Se le ocurrió una maniobra que, si ejecutaba en el momento correcto, podía evitar el accidente, pero tenía que contar exactamente las revoluciones de la rueda posterior para que funcionara. Como mientras contaba no podía pensar, fijó un contador a la rueda para no tener que hacerlo él mismo. Siguió investigando y descubrió una relación matemática precisa entre el tamaño de la rueda de delante, el número de eslabones de la cadena y el número de pedaleos. La cadena se caía solo cuando se daba una determinada combinación entre la rueda, la cadena y los pedales. Más adelante observó que la cadena se caía cuando un determinado eslabón —que estaba dañado— se encontraba con una parte del pedal que estaba inclinada. Así que, tras meses entregado a un brillante proceso de investigación y de deducción, tensó el eslabón, resolvió el problema ¡y se bebió el aguarrás para celebrarlo! (es una broma). Un mecánico de bicis hubiera diagnosticado y resuelto el problema en cinco minutos. Tal y como comenta el matemático Ian Stewart (1987), al narrar esta historia en la revista científica *Nature:* "Este relato ilustra tanto los peligros como el poder del razonamiento lógico".

La existencia de una distinción entre la inteligencia práctica y la académica es parte del imaginario colectivo. Se encarna en la imagen del intelectual en su torre de marfil (la historia de Turing es un ejemplo de ello), y aquella observación del humorista norteamericano Mencken de que "No existe ninguna idea que sea tan estúpida como para que no puedas encontrar un profesor que se la crea". Y la investigación lo demuestra.

Tomemos por ejemplo, el estudio sobre los *handicappers*[1] de las carreras de caballos, titulado "Un día en las carreras" (Ceci y Liker, 1986). Se identificó a un grupo de corredores de apuestas norteamericanos que eran unos fiables expertos a la hora de establecer las apuestas, y trataron de descubrir cómo lo lograban. Descubrieron que tenían en cuenta unas siete variables. Intuitivamente, a cada variable le asignaban un valor distinto. Y el valor que le asignaban dependía del valor del resto de los factores. Por ejemplo, tenían en cuenta, con gran detalle, cuál era el estado del caballo en cuestión durante las carreras anteriores: cómo corrió, si tendía a salirse del circuito, la velocidad de salida y durante la etapa final de la carrera, su actuación en relación al caballo ganador y, en general, cómo había llegado a la meta. Si llegaba "entero" ajustaban un poco el valor que le habían atribuido a la velocidad durante la etapa final de la carrera, por ejemplo. Y así, sucesivamente.

En términos estadísticos, lo que computaban en sus mentes, y no necesariamente de forma consciente o explícita, son modelos multiplicativos de siete factores que implican una multiplicidad de efectos de interacción y de regresión. Algo que hubiera bastado para bloquear un pequeño ordenador, por ejemplo.

---

[1] En el ambiente hípico de habla castellana se utiliza el término anglosajón, tal cual. Se refiere a un perito, o funcionario que se encarga de distribuir los carriles por los que correrán los caballos, el peso de los jinetes, los caballos contendientes etc., a fin de que la carrera sea más equilibrada [N. de la trad.].

© narcea, s. a. de ediciones

Entonces Ceci y Liker les entregaron a los corredores una batería de test de inteligencia, y examinaron la correlación entre sus resultados y sus proezas como *handicappers*. No existía ninguna relación. Sus resultados del IQ resultaban irrelevantes para predecir su éxito en el complejo campo del pensamiento necesario para las carreras.

Comprender la inteligencia práctica

Nadie sabe adónde llegarán los alumnos que progresan en la escuela. Algunos serán profesores de filosofía, y necesitarán esas competencias intelectuales de análisis y de argumentación tan agudas y perspicaces, pero serán tan solo unos pocos. Para el resto será de provecho saber pensar las cosas cuidadosamente, cuando lo necesiten, y ser capaces de discutir temas y de resolver conflictos de una forma calmada y razonable. Por supuesto, necesitarán ciertas competencias lógicas y analíticas, y resulta curioso que, en general, las escuelas ni siquiera logren el desarrollo de dichas competencias (Perkins, 1985). Pero también necesitarán todos los demás ingredientes de una mente que sea inteligente en todos los aspectos que hemos planteado, incluidos aquellos que están implicados en el mundo real de los caballos, de las bicicletas y de soluciones prácticas de todo tipo. Tendrán que ser inteligentes con la mirada, con las manos y con los sentimientos, tanto como lo sean con sus mentes, abstractas y racionales.

> "Nuestros alumnos tendrán que ser tan inteligentes con la mirada, con las manos y con los sentimientos, como lo sean con sus mentes abstractas y racionales".

Lo triste es que las escuelas perpetúan ese esnobismo en relación a la inteligencia práctica y corporal que nos ha acompañado durante tanto tiempo, y que está tan desfasado. Desde los tiempos de Platón, pasando por la tradición cristiana y más allá de Descartes, las sociedades occidentales han valorado lo abstracto por encima de lo concreto, lo intelectual sobre lo práctico. El cuerpo es el sujeto de la emoción y del deterioro; es impermanente y no es fiable; sus conocimientos y sus competencias siempre son falibles. De modo que la certeza y la pureza se han localizado en las abstracciones y las idealizaciones de la Religión y la Razón. Tanto los obispos como los matemáticos han afirmado que sus conocimientos eran mejores —prístinos, intemporales e incorruptibles— que los proporcionados por el cuerpo; de hecho, no hace tanto tiempo que los profesores dejaron de llevar túnica y capucha para señalar que el origen de su autoridad se hallaba en el monasterio y en el seminario. La mente racional ha sido la facultad humana que más nos distinguía del resto de los animales, y nuestra inteligencia emergía en la actividad mental. En cambio, el cuerpo era simple e insignificante. Nuestro cuerpo no podía presumir de ser más "inteligente" que la carne de un cerdo o de una res.

De modo que la educación se dirigió al desarrollo de la racionalidad; en primer lugar de la élite, más tarde de todos los demás. Y las asignaturas de educación física y de carpintería estaban destinadas a aquellos que, lamentablemente, carecían del material mental adecuado. Las asignaturas escolares estaban ordenadas, en términos de la atención y el valor que se les atribuía, desde lo más etéreo hasta lo más físico. Las más valoradas eran el álgebra, la geometría, las matemáticas y la gramática, pasando por la lengua, las humanidades y las artes. En la base estaba todo aquello que pudiera cansar, magullar, ensuciar o llenarnos de polvo (con la excepción de algunos deportes, que requerían ciertas dosis de valentía, fuerza y compañerismo asociadas con una "buena educación").

A pesar de los muchos esfuerzos que se han invertido en corregirlo, ese esnobismo sigue afectando negativamente a los sistemas educativos actuales, y aquellos colegas y profesores en prácticas que brindan una educación que vaya más allá de ese modelo, o que sea más vocacional, son considerados en cierto modo, como "profesionales de segunda".

La cognición corpórea: una ciencia emergente

Sea como sea, la emergente disciplina de la *cognición corpórea* (también conocida como cognición encarnada) está contribuyendo a corregir y expandir la idea de inteligencia que tenemos. Actual-

© narcea, s. a. de ediciones

mente, la neurociencia se dedica a revelar lo asombrosamente inteligente que es el cerebro. Veremos, en el siguiente capítulo, que el cerebro está en la raíz de la creatividad humana. Pero no solo el cerebro es inteligente; la investigación revela que el cuerpo también está implicado. Los cuerpos no son, como bromeaba Ken Robinson (2006), una mera forma intelectual de desplazar nuestras mentes hasta las reuniones, ni se limitan a brindarnos los canales mediante los cuales se expresa nuestra inteligencia. El cuerpo es un ingrediente vital de nuestra inteligencia. Al contrario de lo que pensaba Descartes, el cuerpo *es* inteligente.

La cognición corpórea es un campo en rápido desarrollo, y no tenemos suficiente espacio en el presente libro como para hacerle justicia. Tendremos que conformarnos con ilustrar tres de las *áreas* que constituyen dicho campo de investigación:

1. Formas inteligentes de *aprender competencias físicas* y adquirir pericia.
2. Formas inteligentes de *hacer las cosas* y de trabajar con las manos.
3. Formas inteligentes de *comprender*, *corporalmente*, los sentimientos y las emociones.

Cada una de estas áreas supone una contribución vital a una vida humana plena y rica; y cada una de ellas, en nuestra opinión, requiere un amplio, y en algunos casos distinto, conjunto de hábitos de la mente que los que se requieren para la realización de exámenes oficiales o de cualquier otro tipo de evaluación formal al uso. Conozcamos estas tres áreas:

Área 1. Desarrollar una pericia práctica

Se dice que Piaget definió la inteligencia como el hecho de "saber qué hacer cuando no sabes qué hacer". Y entonces ¿qué es lo que la gente inteligente sabe que debe hacer para mejorar una competencia física? ¿Qué significa poner algo en práctica de forma inteligente?

> **"**Se dice que Piaget definió la inteligencia como el hecho de "saber qué hacer cuando no sabes qué hacer".**"**

© narcea, s. a. de ediciones

Tomemos en consideración, por ejemplo, a alguien que practique con el violonchelo. ¿Sabe en qué momento del día se le da mejor practicar? ¿Podría decirnos qué distingue a una "buena sesión de práctica" de otra? ¿Durante cuánto tiempo practica? ¿Se fija un tiempo y lo cumple o hace descansos cuando está cansado o frustrado? ¿Registra o responde ante sus cambios de humor o de concentración? ¿Empieza con ejercicios y escalas o va directamente a las piezas? ¿Por qué? ¿Trabaja hasta dominar la técnica antes de implementar la interpretación o las trabaja a la vez? ¿Cómo identifica las partes más difíciles de la pieza, y cómo equilibra el énfasis en ellas con la interpretación de la pieza entera? ¿Se fija sus propios objetivos específicos? ¿Cree que puede llegar a ensayar en exceso, y cómo sabe cuándo debe parar? ¿Cómo memoriza la pieza? ¿Varía deliberadamente el tempo, la velocidad o el tono de la pieza mientras toca? Si es así, ¿por qué? ¿Se graba a sí mismo mientras toca? ¿Cómo utiliza esa grabación? ¿Ensaya tanto mentalmente como físicamente? ¿Le ayuda imaginarse la sala de conciertos y a la audiencia mientras ensaya? ¿Cuál es el equilibrio correcto entre los ensayos en solitario y con el resto de la orquesta? Y así, sucesivamente.

Aprender a ser un buen violonchelista estriba en aprender a aprender cómo ser un buen violonchelista. Todo el mundo sabe hoy en día que el talento innato tiene menos importancia de lo que se pensaba, y que se requieren unas 10.000 horas de buena práctica para llegar a ser bueno en algo (Ericsson, Krampe y Tesch-Romer, 1993). Pero el significado de una "buena práctica" —las complejidades del diseño de la práctica misma— aún no se enseña tan bien como se debería. Existen, por supuesto, grandes diferencias en la forma en que la gente practica, dependiendo del campo del que se trate, de lo buenos que sean en dicho campo y de una gran variedad de preferencias personales; pero queda mucho por enseñar, y enseñar esas cosas es de ayuda. Como señalan Jorgensen y Hallan (2009): "Saber cómo extraerle todo el jugo posible a una hora de práctica es una parte muy importante de la inteligencia práctica (valga la redundancia)".

Para llegar a ser un buen soplador de vidrio, un buen jugador de hockey, un buen cantante de blues o un buen cardiólogo, hay que tener unas expectativas realistas respecto a cómo será el proceso de aprendizaje. Más allá de aprender a aprender, es de ayuda entender que esa pericia va volviéndose, progresivamente, cada vez más intuitiva.

Analizaremos con mayor profundidad la inteligencia intuitiva en el siguiente capítulo, pero merece la pena señalar que, para progresar realmente, hay que dejar de pensar en lo que uno está haciendo, dejar de explicarlo y de justificarlo. Esto vale tanto para un experto electricista como para un violonchelista. Los verdaderos expertos no suelen pensar excesivamente en lo que hacen; el 95 por ciento del tiempo sus manos (o sus pies, en el caso de algunos deportes), simplemente y de forma natural, hacen lo correcto. Y saben cuándo y cómo hay que pensar de forma más eficaz y moderada (Dreyfus y Dreyfus, 1986).

En conjunto, contamos con un rico conocimiento práctico en torno a cómo aprender de forma más eficaz en el contexto particular del deporte y de la música. Como antes mencionamos, parte de dicho conocimiento está ligado al dominio específico de cada campo, y se da especialmente cuando se progresa hacia niveles más altos de pericia. Pero el desarrollo de la resistencia mental (hecha de resiliencia y de determinación), de la curiosidad y de la capacidad de plantearse preguntas o de la habilidad de practicar mentalmente, es tan útil para el estudiante de cocina, el de diseño o el de enfermería como para el estudiante de matemáticas o de ciencias. Aun así, son muchas las escuelas e institutos que no enseñan como deberían lo que constituye "la composición de un aprendizaje inteligente".

Área 2. Echarle una mano a la mente

Seymour Papert cofundó el mundialmente famoso laboratorio de robótica del MIT (*Masachusetts Institute of Thechnology*) e inventó el *Logo*, un sencillo y potente lenguaje de programación para niños. Al principio de su carrera, trabajó dando clases de ma-

© narcea, s. a. de ediciones

temáticas en un instituto de Massachusetts, y cada día tenía que pasar por el aula de arte para llegar a su clase. Los alumnos esculpían en bloques de jabón. Trabajaban durante semanas. Papert estaba fascinado (y se lo planteó como un desafío) por la implicación tan profunda, por la capacidad de reflexión, la creatividad y la colaboración que los alumnos mostraban, y que nunca había observado en su clase de matemáticas.

Se dio cuenta de que dicha diferencia estribaba, en buena parte, en el hecho de que tuvieran que trabajar con las manos para construir algo "real", algo en lo que se pueda pensar y de lo que se puede hablar mientras va tomando forma. Los alumnos no esculpían "sin prestar atención", sino que estaban muy presentes, empleando toda la orquesta del aprendizaje. La atención y el sentimiento fluían a través de sus dedos y experimentaban y jugueteaban durante el proceso, imaginando y proyectando nuevas posibilidades y siendo, al mismo tiempo, autocríticos y reflexivos. Calificar lo que estaban haciendo de mero "trabajo manual" significaría menoscabar la riqueza y la complejidad (es decir, la sofisticación cognitiva) del aprendizaje que se llevaba a cabo.

> **"Los chicos y chicas no avanzan de una manera lineal, sino que van desarrollando un repertorio cada vez más rico y profundo de instrumentos de aprendizaje que pueden tocar a la vez y que no suena como una serie de solos, sino como una orquesta de jazz, hecha de armonías e interacciones."**

Papert se dió cuenta de que Jean Piaget, su viejo mentor, se había equivocado. Mientras los chicos van creciendo, no se van desplazando desde un aprendizaje físico, pasando por un aprendizaje imaginario, hasta llegar a un aprendizaje racional, abandonando los modos tempranos como si los hubieran "superado". Al contrario, la imaginación y el razonamiento se *añaden* a la observación y a la experimentación, haciendo del aprendizaje práctico algo cada vez más intrincado y potente. Los alumnos no avanzan de una manera lineal, sino que van desarrollando un repertorio cada vez más rico y profundo de instrumentos de aprendizaje, que pueden tocar a la vez y que no suenan como una serie de solos, sino como una orquesta de jazz, hecha de armonías e interacciones.

© narcea, s. a. de ediciones

Eso es lo que aprendían los alumnos en aquella clase de arte, y la primera experiencia de aprendizaje de las matemáticas de Papert (1991) parecía muy pobre a su lado. Se propuso —y logró con éxito— encontrar la forma de hacer que el aprendizaje de las matemáticas fuera tan rico y práctico como lo era el aprendizaje que se daba en el aula de arte situada al final del pasillo.

En la vida real, la gente suele generar pensamiento tanto "con sus manos" como con su mente. De hecho, las manos juegan un importante papel en la mayoría de formas avanzadas de pensamiento humano creativo. Actualmente, existen evidencias de que cuando la gente gesticula mientras habla y sus manos se hallan implicadas, no solo añaden énfasis a lo que se expresa, sino que contribuyen a dar forma y apoyar el mismo proceso de pensamiento. La gente gesticula más cuando trata de explicar cosas complejas, y cuando están "pensando en voz alta" que cuando están, simplemente, describiendo una solución a la que ya han llegado. Cuando se les pide a los niños que expliquen cuál es el razonamiento para una determinada respuesta a una pregunta de tipo matemático, por ejemplo, y se les pide que lo hagan sin gesticular, se encuentran muy limitados. Gesticular refleja la íntima conexión que existe entre el pensamiento y la acción, ¡aunque la única acción que se realice sean esos gestos en el aire! Garabatear también contribuye a que al gente comprenda, piense y recuerde las cosas, por idéntica razón (Andrade, 2009).

Y los gestos suelen decir más acerca de la existencia de una verdadera comprensión que lo que diga la persona de forma verbal. Las investigadoras Susan Goldin-Meadow y Susan Wagner (2005) han descubierto que la gestualidad añade creatividad al discurso. Señalan: "los gestos nos permiten introducir nuevas ideas, ideas que no sean totalmente coherentes con nuestro sistema de creencias, sin implicar un conflicto para nuestros propios dispositivos de auto-supervisión. Una vez introducidas, esas nuevas ideas pueden catalizar cambios".

De hecho, actualmente, los psicólogos evolutivos piensan que todas nuestras competencias para el pensamiento, en realidad, se desarrollaron de la mano de nuestra creciente habilidad para emplear las herramientas físicas. Nuestro cerebro pensó con nuestras manos mucho antes de que perfeccionáramos el arte del discurso

© narcea, s. a. de ediciones

> «Es como si nuestras manos estuvieran conectadas a ciertas partes del cerebro que sean capaces quizás de "saber", sospechar o preguntarse por cosas que nuestra mente más consciente o deliberada aún no haya percibido o no le resulte conveniente entretenerse con ellas.»

mental o del razonamiento lógico. Parece ser que nuestros ancestros "comenzaron a comunicarse mediante una especie de lenguaje de signos, entonces empezaron a enriquecerlo con vocalizaciones, y luego, cuando estas se volvieron más sofisticadas, sustituyeron los gestos, como si se tratara de un andamiaje ya envejecido" (Blakeslee y Blakeslee, 2007). Pero no prescindieron de ellos totalmente, ya que, a través de las manos, siguen cumpliendo un importante papel.

Podemos observar aún los vestigios de ese orden de prioridades en el cerebro. El área del cerebro que controla el razonamiento matemático aún conserva fuertes conexiones con el área que controla los dedos. No es accidental que la palabra "digital" se refiera tanto a una sofisticada computación como a los apéndices corporales que se emplean para meter una llave en una cerradura.

Área 3. La inteligencia de la emoción

El tercer aspecto de la inteligencia física que queremos mencionar es la emoción. Según la antigua y simplista visión de la inteligencia, la emoción era una molestia. Añadía al desapasionado trabajo de la razón interferencias personales y poco fiables. Ciertamente, nuestros miedos y deseos suelen desviar nuestro pensamiento, y a veces es perjudicial. Otras veces, resulta esencial ser capaz de "salirse por un momento de la situación" y considerar "el lado bueno de las cosas". Esta es, de hecho, una virtud civilizatoria para la sociedad. Pero las emociones no son solo un fallo primitivo del pensamiento que deba ser "gestionado" o "controlado", tal y como parece considerar parte del movimiento que gira en torno a la "inteligencia emocional".

El neurólogo Antonio Damasio (1995) ha demostrado, que perdemos inteligencia práctica cuando la razón y la emoción se desconectan la una de la otra. Las personas que presentan ciertos daños en el lóbulo frontal mantienen una puntuación alta en los test de inteligencia, y siguen comprendiendo y pudiendo debatir ideas complejas, pero dicha inteligencia racional ya no influye en lo que realmente hacen. Son capaces de *decir* cuál sería el paso más inteligente a dar y, acto seguido, hacen lo contrario, muy a su pesar (de hecho, no es necesario que exista un daño cerebral evidente para que eso ocurra: los periódicos están llenos de historias de personas de gran talento que se comportan de forma negligente y auto-destructiva). Damasio ha descubierto que es la presencia de unos sentimientos y unas emociones viscerales lo que coarta la conexión entre la razón y la acción, y que cuando dicho vínculo está dañado, es probable que la inteligencia racional y la que está ligada al mundo real actúen por separado.

> "Las emociones son componentes vitales de la inteligencia misma, dotados de gran valor."

La evolución nos ha brindado unos sistemas emocionales muy útiles que hacen que seamos capaces de enfrentarnos con diversos tipos de emergencias y alteraciones. El más básico es el *sistema de emergencias* que los bebés emplean para atraer la atención y lograr que les rescaten si algo va mal. El *sistema de miedo* hace que nuestro cuerpo esté listo para correr y esconderse, y que nuestra mente se centre en el peligro. El *sistema de disgusto* detecta posibles venenos (literales o psicológicos) y hace que inhibamos nuestros sentidos para protegernos de ellos (nos tapamos la nariz en señal de disgusto) o activa ciertos reflejos dirigidos a expelirlo. El *sistema de vergüenza* hace que reaccionemos ante nuestras transgresiones sociales, y a la vergüenza, haciendo que parezcamos "avergonzados", invitando así a que se nos perdone. El *sistema de aprendizaje* detecta qué es lo que nos hace distintos a ojos del mundo, así como cuáles de nuestras competencias resultan inadecuadas, pero no peligrosas, y hacen que las investiguemos y exploremos con el fin de familiarizarnos con ellas y ser más competentes. Y así, sucesivamente (Panksepp, 1998).

Hemos citado aquí diez de los sistemas emocionales básicos, que actúan como unos "amigos inteligentes". El problema llega cuando, como resultado de una experiencia anterior, se activan demasiado pronto o en el momento equivocado. Entonces nos volvemos demasiado agresivos o demasiado precavidos o incluso temerarios. La culpa no la tienen nuestros sistemas emocionales en sí mismos, sino sus fallos: en hábitos de reacción que fueron útiles en su momento pero que ya no lo son ahora. Sería útil que todos los niños comprendieran esto, y que se interesaran no por cómo "controlar" o sobreponerse a sus reacciones emocionales, sino cómo volver a afinarlas con destreza, para actualizarlas. Comprender cómo afinar nuestros hábitos ya desfasados supone la mayor contribución posible que podamos hacer a la inteligencia ligada al mundo real (Prochaska, Norcross y DiClemente, 1998).

Para empezar a trabajar la inteligencia práctica

Últimamente, muchos profesionales de la educación se han interesado por el aspecto físico y corporal del aprendizaje de los alumnos. Este interés es bienvenido y ha sido largamente esperado. A pesar de ello, a veces, dicho interés ha caído en una excesiva credulidad frente a ciertos eslóganes de la neurociencia de dudosa procedencia y simplificaciones de diverso tipo. Las posibilidades de descubrir una "pastillita mágica" o un complemento alimenticio que haga que "el niño sea más listo" suelen lograr mucho seguimiento, pero no suelen ser científicamente rigurosos. Este tipo de extravagantes afirmaciones suelen ir dirigidas a mejorar la inteligencia a base de recursos absurdos, y deben corroborarse debidamente.

Se les dice a los profesores que deben regar la mente de sus alumnos como si fuera una planta en crecimiento, o bien sus cerebros se secarán y solo aprenderán a costa de mucho esfuerzo. Por supuesto que es útil ser capaz de darles un vaso de agua cuando tienen sed, pero la idea de que, tras cientos de años de evolución, el cerebro humano no sepa aún cómo mantenerse bien irrigado, no resulta creíble. Y los estudios han descubierto que hacer que beban litros y litros de agua cuando en realidad no tienen sed suele producir un descenso en su "rendimiento cognitivo", en vez de mejorarlo.

Existen productos dirigidos a realizar ciertos ejercicios gimnásticos de lo más extraños (como tocarte la oreja izquierda con la rodilla derecha y viceversa) que sirven, teóricamente, para desarrollar ciertos grupos de fibras nerviosas del cerebro y por lo tanto hacer que seamos más inteligentes; pues bien, en este caso también nos encontramos ante más retórica que datos empíricos. Pero muchos de nosotros somos susceptibles a los consejos que se basan en "los últimos avances en investigación cerebral"; ¡unos estudios de la universidad de Yale (Goldacre, 2008) demuestran que la gente es más propicia a comprar un determinado producto cuando contiene alguna referencia —aunque sea gratuita— al funcionamiento del cerebro! Lamentablemente, que un determinado producto lleve la etiqueta de "Para el buen funcionamiento del cerebro" en vez de la etiqueta de "Juego de ordenador" no parece ser una garantía que asegure que, una vez apagado el ordenador, seremos más inteligentes.

Stephen Covey (1999), un gurú de la gestión, propone una idea muy útil que puede adaptarse fácilmente al aula: "el botón de pausa".

Para profundizar: ejemplos de experiencias educativas

No importa cuáles sean los fallos de lo racional, reconocer que los más jóvenes cuentan con un cuerpo tan activo y lleno de energía como su mente, es algo positivo; y permitir que se desahoguen de tanto en cuanto y que beban cuando tienen sed puede ser un buen comienzo. Aún así, las implicaciones más profundas de una cognición que pase por el cuerpo apenas empiezan a ser investigadas.

Algunas escuelas se están dando cuenta de aquello que Seymour Papert descubrió: que buena parte de la energía que los chicos y chicas dedican al aprendizaje aumenta, y su mente se ejercita y se expande en mayor medida, cuando trabajan de forma sostenida al construir con materiales físicos, en vez de trabajar tan solo mediante la escucha, la lectura o la redacción. En las *forest schools*[2], por ejemplo, en las que los niños trabajan y aprenden jun-

---

[2] Para conocer más sobre estas experiencia, consultar www.forestschools.com.

tos en entornos naturales, los profesores suelen quedarse asombrados de cuán atentos, decididos y reflexivos se vuelven los niños. Una alumna descubrió, por ejemplo, que los alumnos de un grupo con "ciertas dificultades de aprendizaje" se habían convertido en personas más inteligentes tras su experiencia en el bosque. No solo cambiaron sus hábitos de forma significativa, sino también la imagen que tenían de ellos mismos.

Pero la experiencia de un aprendizaje práctico y que pase por el cuerpo no es exclusiva de quienes luchan por otro modelo de escuela. Existen muchos casos de brillantes científicos, cirujanos, arquitectos y diseñadores —incluso de filósofos y de abogados— que desarrollaron su curiosidad y su resiliencia a través de un trabajo centrado en la construcción y el juego manual. El aprendizaje práctico no está destinado a aquellos que no son lo "suficientemente brillantes" como para escoger una formación más académica. Debería ser parte del aprendizaje de cualquier alumno. A la luz de nuestra nueva comprensión de los vínculos existentes entre el cuerpo, el cerebro y la mente, la oposición misma entre lo "práctico" y lo "académico" resulta desfasada. La vieja imagen del "héroe" de *Oxbridge* o de la *Ivy League*, que saca unas notas excelentes y es un deportista increíble debe ser sustituida por un sentido más sofisticado del trabajo conjunto, realizado por la mente y el cuerpo.

> **A la luz de nuestra nueva comprensión de los vínculos existentes entre el cuerpo, el cerebro y la mente, la oposición misma entre lo "práctico" y lo "académico" resulta desfasada y disfuncional.**

Gerver Tulley es el fundador de una escuela de verano para jóvenes en Montara, California, llamada la *Tinkering School*. Aunque advierte a los padres de que su hijo volverá a casa con algunos rasguños y cicatrices, también habrá aprendido a construir, con sus propias manos, una montaña rusa de madera que funciona con la ley de la gravedad y que esa experiencia contribuirá al desarrollo de su capacidad cognitiva global. Tulley publicó un artículo en Internet que se titula "Cinco cosas peligrosas que debe dejar que su hijo haga" al que vale la pena echar un vistazo. Esas "cosas peligrosas" incluyen jugar con fuego, aprender a usar un cuchillo, hacer y aprender a tirar una lanza, conducir un coche (no por carretera, obviamente) y desmontar aparatos. Tulley cree que aprender a "manipular" y a "articular" objetos es la base de la inteligencia ligada al mundo real.

La razón para aprender a pensar mientras hacemos cosas con las manos no es la nostalgia por la era pre-digital. Un dato significativo: el padre de uno de los alumnos de la escuela de Tulley era el vice-presidente de Adobe. Otro dato más: la Universidad de Stanford introdujo cursos de trabajo manual cuando los profesores de ingeniería, de arquitectura y de diseño se dieron cuenta de que muchos de sus alumnos no habían construido jamás ni una sola maqueta de avión o no habían arreglado su bicicleta, y que esa laguna se reflejaba en su manera de pensar. Y en el Instituto de Tecnología de Massachusetts, el famoso MIT, (la Universidad de Seymour Papert), la asignatura de MAS.863 tiene siempre un exceso de matrículas, esta asignatura se titula "Cómo hacer (casi) cualquier cosa" y enseña a los alumnos más brillantes de Estados Unidos cómo utilizar diversas herramientas.

Sería fantástico que existiera una alianza de lo físico y de lo cognitivo y que constituyera los cimientos del currículo de las escuelas y, especialmente, de los institutos.

Una herramienta útil:
"El botón de pausa"

Se trata de un hábito sencillo pero eficaz para los chicos y chicas (¡así como para los adultos!), al que se puede recurrir cada vez que nos sintamos emocionalmente desbordados.

Pensemos en el botón de "pausa" de un CD, de un DVD o de un reproductor de MP3, para hacernos una idea. Cuando lo apretamos detiene la acción durante unos instantes, hasta que lo volvemos a presionar. Desplacemos dicha metáfora a la realidad del aula, del pasillo o del patio de la escuela para ver cómo la podemos enseñar y aplicar.

© narcea, s. a. de ediciones

> Los alumnos aprenden que, cuando se sienten emocionalmente desbordados, pueden "apretar el botón de pausa" y ganar unos preciados instantes para tomar en consideración si el curso de la acción en la que se han embarcado es inteligente o no.
>
> Existen muchas y diversas técnicas de gestión del aula. El "tiempo fuera" o el "rincón de la calma" son buenos ejemplos de las mismas, que emplean este mismo planteamiento de forma eficaz.

Cuestiones para reflexionar

A menos que estés en una escuela Montessori o en una Forest School, en las que el aprendizaje a través de la experiencia práctica es la norma, puede que este planteamiento te sea un tanto ajeno. Para ayudarte a pensar en cómo poner en marcha algunas ideas ligadas a la inteligencia práctica, puede que te sea útil preguntarte lo siguiente:

⇨ ¿Cuál es mi propia experiencia en relación al valor que se le atribuye al aprendizaje práctico y al académico? ¿Cuáles eran los mensajes implícitos presentes en mi propia formación? ¿Dichos mensajes son distintos a los que existen en el lugar donde trabajo?

⇨ ¿Hay algo más que pueda hacer para contribuir a que los alumnos desarrollen su habilidad (e inclinación) a la hora de practicar con mayor eficacia? ¿Puedo ayudar a los alumnos a aprender que la gracia de escribir no estriba solo en "hacerlo bien o mal" sino en practicar y experimentar con su redacción?

⇨ ¿Cómo podría generar más situaciones que favorezcan el tipo de implicación que Seymour Papert observó en la clase de arte? ¿Tengo cierto margen para crear proyectos de aprendizaje a largo

© narcea, s. a. de ediciones

plazo, en los que los alumnos puedan implicarse en desafíos reales?

⇨ ¿Podría hablarles a mis alumnos del "botón de pausa"? ¿Les ayudaría a aprender y a practicar con mayor eficacia? ¿Para mi también podría ser de ayuda?

⇨ ¿Podría utilizar el patio de la escuela o del instituto para generar situaciones de aprendizaje experimental en un espacio abierto? ¿Qué otras cosas podrían hacer los alumnos, manualmente, para contribuir al conjunto del centro educativo?

⇨ ¿Estoy siendo lo suficientemente intrépido en relación a lo que ofrezco a mis alumnos? ¿Qué cosas les podría dejar hacer que contribuyeran a la construcción de sus competencias y su fuerza física, así como su sentido de la responsabilidad?

⇨ ¿Qué sujetos se beneficiarían especialmente de un aprendizaje práctico? ¿Puedo examinar, junto a mis colegas, el potencial de las asignaturas de Ciencias y de Historia para desarrollar las disposiciones para el juego y la preparación de proyectos y borradores, tal y como hacen en Educación Física, en Dibujo o en Tecnología?

© narcea, s. a. de ediciones

4. La inteligencia es Intuitiva

Sabemos mucho más de lo que creemos saber.
MICHAEL POLANYI (1967)

Un chico que está mirando por la ventana de la clase.
Profesor: ¿Qué estás haciendo?
Chico: Estoy pensando, señor.
Profesor: ¡Pues, para ya!
POPULAR

Imaginate que estás buscando casa. Tienes un montón de folletos y has ido a todas las inmobiliarias, y ahora te encuentras ante cuatro posibilidades. Pero es una elección difícil. Hay tantos factores distintos, que es complicado ponderarlos. Una es más barata pero necesita más reformas. La otra está más cerca de la estación de tren, pero la escuela local no es tan buena. La tercera tiene un jardín precioso pero las vistas consisten en un horrible bloque de pisos. La cuarta tiene una habitación que podría utilizarse como estudio, pero el vecino pone la música muy alta. Y así, sucesivamente. Tomas asiento para considerar toda la información que tienes, para después decidirte por una de ellas. ¿Cómo tomar esa decisión? El psicólogo holandés Ap Dijksterhuis (2004) investigó en detalle esta cuestión, y descubrió que cuanto más nos esforcemos por ser racionales, peor será nuestra decisión. Es decir, en situaciones como esta, intentar ser tan metódico y explícito como sea posible puede ser contraproducente. Quienes toman las decisiones de forma más racional tienden a centrarse menos en los detalles y atender más al conjunto, que es siempre más complejo.

En otro estudio realizado en Estados Unidos, se investigó al final de curso a los alumnos de primero de una facultad, mientras elegían qué asignaturas de Psicología cursarían durante el siguiente semestre. Se les dieron los datos de todas las asignaturas, incluyendo las opiniones de otros alumnos que habían cursado esas mismas asignaturas durante el año anterior. A algunos alumnos se les pidió que pensaran en ello, con tanto detenimiento como pudieran, para ser capaces de explicar y justificar su elección. A otros se les invitó a tomar la decisión de una forma más intuitiva.

Cuando al año siguiente se observó el resultado de ambos grupos se descubrió que el grupo más intuitivo estaba más satisfecho con su elección que aquellos a quienes se había animado a ser más explícitos en cuanto a sus razones (Wilson y Schooler, 1991).

Comprender la inteligencia intuitiva

Estos descubrimientos cuestionan, en cierta medida, la visión convencional que se tiene de la inteligencia. Esa visión valora mucho el pensamiento y la toma de decisiones abstracta, racional, explícita y consciente, y desprecia cualquier tipo de pensamiento que no se rija por esos estrictos criterios. Si no puedes ofrecer una lógica racional, o no logras "mostrar cómo has llegado a la solución" de un determinado problema, se suele dar por sentado que tu pensamiento no es tan bueno. El pensamiento intuitivo, en general, se considera vago y menos inteligente, típico de los jóvenes, de las personas menos formadas y de las mujeres. El estereotipo responde a la idea de que los hombres son capaces de pensar de una forma más clara, más imperturbable y por tanto más inteligente, y que forma parte de su trabajo el aplicar ese tipo de inteligencia a la hora de tomar las decisiones más importantes.

> **"**Saber emplear la razón y la intuición son dos maneras complementarias de ser inteligente. Si queremos educar a los niños para que sean todo lo inteligentes que pueden ser, debemos equilibrarlas y ayudarles a comprenderlas y a conjugarlas.**"**

¿La inteligencia racional, en la actualidad, ha sido desbancada por la ciencia? ¿Deberíamos arrojar a la basura nuestras listas de pros y contras y basarnos, a partir de ahora, en nuestras corazonadas? En realidad no. Pero la situación se ha complicado más de lo que los ultra-racionalistas nos han hecho creer. Saber emplear la razón y la intuición son dos maneras complementarias de ser inteligente, y si queremos educar a los niños para que sean todo lo inteligentes que pueden ser, debemos equilibrarlas y ayudarles a comprenderlas y a conjugarlas. Deben conocer las limitaciones que tienen enunciados del tipo: "Razona tu respuesta", así como sus puntos fuertes. Deben saber cuándo y cómo "escuchar" su intuición, y qué importancia otorgarle.

El cerebro elástico

Tal y como vimos con anterioridad, ahora que sabemos un poco más acerca del cerebro podemos ampliar la idea que tenemos de la inteligencia para que incluya formas de conocimiento y de aprendizaje que no son tan conscientes, racionales y explícitas.

Los neurocientíficos suelen imaginarse el cerebro como un paisaje montañoso que comprende una vasta variedad de depresiones, conectadas entre sí por una red de valles. Este modelo representa los conceptos y los hábitos que se han ido erosionando y se han ido estableciendo gracias a la experiencia, de modo que la activación neuronal, al fluir con aquella, tiende a seguir unos canales que están desgastados. Estos canales y estas pendientes actúan como "polos de atracción" de dicha actividad, de forma que es probable que los nuevos patrones de estimulación que se ciernen sobre el paisaje terminen fundiéndose con los senderos ya existentes. Las características y las ideas que suelen aparecer juntas tienden a estar unidas por unos canales bien definidos, de modo que es probable que la actividad de una active a la otra.

Recordemos que ese paisaje metafórico representa la funcionalidad que tiene la "proximidad" existente entre las ideas (aunque esa "proximidad" no se corresponda, evidentemente, con una cercanía física en el cerebro; es tan solo una imagen). El concepto *gato*, por ejemplo, comprende un conjunto íntimamente interconectado de sonidos, imágenes visuales, sensaciones táctiles, reacciones, sentimientos y recuerdos, repartidos por todo el cerebro. De tal modo que, cuando piensas en el gato de tu infancia u oyes un maullido, lo que sucede en el cerebro se asemeja más al encen-

© narcea, s. a. de ediciones

dido de un circuito de bombillas que a un gran foco situado en un punto determinado.

Pero lo descubierto por quienes se dedican a la neurociencia complica un poco esta bucólica imagen. Y es que el paisaje no es sólido y estable, sino extremadamente elástico; más parecido a un castillo hinchable de esos con los que se divierten los niños que a un escenario alpino. Aunque la experiencia adopte la forma de canales de larga duración dentro del paisaje neuronal, su profundidad se ve constantemente modificada por el ir y venir de toda una serie de cambios a corto plazo, que tienen que ver con el estado de ánimo, las prioridades y las expectativas. Este es uno de los trabajos de nuestros grandes lóbulos frontales: modular cuán escarpados son los distintos puntos del paisaje. Cuando tienes sed, por ejemplo, el área de *bebidas* de tu elástico paisaje descenderá para que estés más alerta a la hora de localizar máquinas expendedoras de botellas de agua o un grifo, y es probable que la actividad fluya en esa dirección. Si te asustan las arañas, el terreno dedicado a las arañas estará permanentemente escarpado y en desnivel, de forma que puedas detectar inmediatamente que la pelusa que camina por el suelo de la cocina no se trata de una araña.

En términos más generales, los lóbulos frontales pueden moldear el paisaje para que sea más montañoso o más llano, y también pueden determinar la activación simultánea de diversos centros o el funcionamiento de un solo "tren de pensamiento". El cerebro cuenta con muchas maneras de controlarse a sí mismo, esta es una de ellas; de modo que puede haber varios patrones activados al mismo tiempo o bien darse situaciones en las que predomine un patrón por encima de otros, de forma que el patrón más fuerte inhiba a sus "competidores".

En resumen, cuanto más montañoso sea el cerebro, más probable será que tus "trenes de pensamiento" sean definidos, conscientes y no ambiguos, que discurran por los raíles más erosionados y que te sean más familiares y, en definitiva, que viajen rápidamente. Responderás a las situaciones de una forma centrada, confiada y convencional. No te importarán los detalles e ignorarás las pequeñas incongruencias.

© narcea, s. a. de ediciones

Pero cuando tu cerebro se configura como una planicie o como una pradera (técnicamente, cuando la excitación cortical es baja), es más probable que percibas los matices y que seas consciente de múltiples posibilidades. Tendrás en cuenta los detalles de la experiencia, en vez de contemplarla a través de los anteojos de la costumbre y los constructos que te sean más familiares.

Cuando intentas "estar alerta", tener una idea clara de cuáles son tus prioridades y quieres ser claro, rápido y eficiente, es que estás en la modalidad montañosa. Cuando te sientes más abierto, juguetón y soñador, es que estás en la modalidad de la pradera, y no hace falta decir que puedes estar también en cualquier punto intermedio; es una cuestión de grado (Claxton y Lucas, 2007).

Obviamente, son útiles ambas modalidades. La modalidad montañosa funciona bien en situaciones rutinarias, y te ayuda a estar centrado y a ser disciplinado tanto en tu pensamiento como en tu análisis. Pero solo puede manejar un reducido número de variables a la vez. Sacrifica la mirada global en aras de la precisión, así como la creatividad en aras de la eficiencia. La modalidad de la planicie es más afín al ocio y a la creatividad.

La mente inteligente es fluida y elástica. Tiene acceso tanto a la modalidad montañosa como a la de la planicie, y es capaz de fluir entre ellas. De hecho, los estudios que se basan en encefalogramas de personas especialmente creativas muestran que tienen exactamente esa capacidad. Si les pides que se inventen una historia, y que trabajen para mejorarla, observarás en su cerebro un vaivén entre las dos modalidades. Puede que presenten "la modalidad de la planicie" para permitir que su cerebro se figure algunas posibilidades interesantes. Y entonces quizás cambien a "la modalidad montañosa" para analizar, evaluar y mejorar dichas ideas. Los menos creativos tienden a quedarse fijados en una modalidad o en otra, y a no ser capaces de beneficiarse de ambas.

Si esto te recuerda a aquella idea del "cerebro derecho y del cerebro izquierdo", no vas desencaminado. Hay quienes sugieren que los diestros tienden a presentar un hemisferio derecho más montañoso y un hemisferio izquierdo más parecido a una planicie, cosa que permite que tengan lo mejor de ambas modalidades al mismo tiempo.

© narcea, s. a. de ediciones

Lo que sucede en los experimentos de toma de decisiones que citamos al principio de este capítulo es que se les dice a las personas que empleen la modalidad montañosa cuando, en realidad, se hallan ante una tarea que requeriría de la modalidad de la planicie. La modalidad montañosa funciona bien cuando solo hay unas pocas variables en juego, que deben supervisarse atentamente y ponerse en relación con suma precisión. Cuando las situaciones se vuelven más complejas y el número de consideraciones a tener en cuenta son demasiadas para la modalidad montañosa, es preferible adoptar una forma de pensar que permita tener en cuenta simultáneamente un mayor número de factores, pero un menor nivel de consciencia. Esa es la modalidad intuitiva.

En la modalidad de la planicie, tu cerebro está más capacitado para mantener el registro de un mayor número de variables y así, aunque no puedas explicarlas o justificarlas, la "corazonada" respecto a qué casa comprar o en qué asignatura matricularte es probable que resulte más fiable (siempre que hallas prestado atención a toda la información habida al respecto). Si te quedas fijo en la modalidad montañosa, serás como un malabarista acostumbrado a hacer malabares con tres pelotas a quien le van añadiendo cada vez más pelotas. Para continuar con el espectáculo, tendrás que tomar muchas decisiones de forma muy rápida para saber qué pelotas dejar caer y cuáles no.

Una racionalidad *stricto sensu* requiere de ti que deseches todas aquellas informaciones que excedan su capacidad, en detrimento de tu inteligencia. Es por eso que personas muy inteligentes, a veces toman decisiones increíblemente "estúpidas"; crean unos razonamientos muy claros, pero a costa de desechar otras consideraciones no tan fáciles de articular, pero no menos importantes. A esto se refiere la gente cuando acusan a ciertas personas con una formación brillante de no tener "sentido común".

En la modalidad montañosa, el funcionamiento del cerebro es más rígido y más literal. Es más difícil ver el lado divertido de las cosas, porque el sentido del humor se basa en estar abierto al absurdo, y en darle la vuelta rápidamente a nuestros esquemas para poder "pillar la broma". Así que no es ninguna sorpresa que empezar las actividades pasando un capítulo de una comedia o haciendo un pequeño ejercicio de relajación haga que los alumnos o los asistentes se muestren más creativos durante la actividad posterior, sea la que sea. Las reuniones serán más productivas y las clases más interesantes si empiezan con una broma o con algo que contribuya a romper el hielo y haga que la gente se sitúe en la modalidad adecuada para poder ser más receptiva ante las nuevas ideas y su reacción sea más creativa (Iscn, Daubman y Nowicki, 1987).

No ser tan analítico

La inteligencia también aumenta gracias a la incubación: esos periodos en los que, de forma deliberada, dejas de darle vueltas al problema que te ocupa para permitir que tu cerebro se desplace hacia áreas más relajantes.

En una versión de los experimentos de Dijksterhuis en relación a la compra de una casa, se modificó el tiempo que la gente tenía para tomar la decisión. Uno de los grupos debía tomar la decisión justo después de revisar toda la información. Otros dos grupos debían esperar un cuarto de hora antes de decidir. A los participantes de uno de los grupos se les pidió que revisaran cuidadosamente la información, mientras se impidió que los de los otros grupos lo hicieran asignándoles algunos cálculos aritméticos para pasar el rato. Cuando Dijksterhuis comparó la calidad de las decisiones que habían tomado los tres grupos, descubrió que aquellos que habían retrasado su decisión pero que habían evitado el pensamiento consciente habían superado a los demás. Y el grupo que había pensado muy atentamente durante quince minutos no lo había hecho mejor que aquellos que habían tomado la decisión inmediatamente.

Esta investigación en torno a "la incubación" sugiere al menos dos razones que explican su funcionamiento. La primera es simple. Cuando te hallas presionado por obtener un resultado, es fácil que te quedes atrancado en una perspectiva en torno al problema que impida que puedas encontrar la solución. Un descanso, o sobre todo un breve periodo de sueño, permite que el cerebro se reactive, de modo que cuando retomes el problema, veas el problema desde otros puntos de vista.

© narcea, s. a. de ediciones

La segunda razón es más intuitiva. Cuando te has esforzado mucho en resolver un problema sin éxito, tu cerebro, efectivamente, crea una especie de "agujero negro", en el que poder imaginarse la forma que podría tener la solución a ese determinado problema. Y esa representación prima respecto a otras, generando a su alrededor una especie de atracción magnética (como hacen los agujeros negros) sobre todo lo que sucede en el espacio cerebral que la rodea. Cuando te tomas un respiro, ese magnetismo permanece, de forma que cualquier flujo de pensamiento que tenga la más mínima relación con el problema se ve atraído y quizá (solo quizá) pueda brindar una metáfora genial o una información que pueda darte la clave. Por supuesto, muchas de esas asociaciones serán inútiles. No les prestarás atención. Pero a veces, algo hace que emerja un nuevo pensamiento, un pensamiento que atrae inmediatamente tu atención consciente, y hace que seas capaz de gestar una idea brillante.

No son solo quienes tienen un temperamento más "artístico" quienes saben cómo emplear este tipo de intuición. Un estudio sobre los premios Nobel de la ciencia mostró que más del 90 por ciento de ellos había afirmado que la intuición había jugado un enorme papel en su trabajo.

Rita Levi-Montalcini, la premio Nobel de 1986, señalaba es este sentido: "Piensas en algo sin descanso, durante mucho tiempo... Entonces, de repente, el problema se abre ante ti en un instante y, repentinamente, ves la solución".

> "La intuición complementa el esfuerzo del pensamiento, de la recogida de información y de la experimentación; no los obvia."

Téngase en cuenta que estas revelaciones no provienen de la nada. No puedes sencillamente recostarte, mirar al techo y esperar que surja en tu mente una idea digna de un premio Nobel. La intuición creativa surge en una mente bien equipada, que cuente con información y con experiencia, y que haya estado esforzándose durante largo tiempo. La intuición complementa el esfuerzo del pensamiento, de la recogida de información y de la experimentación; no los obvia.

Es impresionante lo abrupta y claramente que surgen algunas revelaciones. Pero no todas las intuiciones emergen bajo esa forma. Muchas de ellas son más suaves y dubitativas, y ofrecen un destello de posibilidad, en vez de la certeza de un descubrimiento. El lenguaje cuenta con hermosas palabras para definir estas intuiciones, las llamamos corazonadas, presentimientos, indicios o pálpitos. Y se dan a conocer adoptando distintas formas. Algunas emergen como una imagen muy clara, pero otras son más borrosas. Albert Einsten (1973) dijo que su "lenguaje para el trabajo del pensamiento" no estaba formado por símbolos ni ecuaciones, sino por un acervo de "imágenes más o menos claras", y que muchas se parecían más a un presentimiento físico que a una imagen mental.

Algunas intuiciones, definitivamente, surgen como sensaciones físicas o incluso como movimientos. "Por el picor que hay en mis dedos, sé que la infamia se aproxima", decía una de las brujas de *Macbeth*. Ciertas historias y películas tienen la capacidad de hacer que se nos "ponga la piel de gallina" o que se nos "erice la piel". Podemos comprender algo en profundidad pero no ser capaces de explicarlo, como cuando nos sentimos "conmovidos" por una pieza de música o una escena teatral. También, como vimos en un capítulo anterior, los niños pueden ofrecer evidencias de su comprensión —de ciertos conceptos matemáticos, por ejemplo— mediante sus

"Las personas, mientras trabajan en un determinado problema, suelen creer que sienten corazonadas irracionales o simples suposiciones. Sin embargo, un análisis más cuidadoso muestra que se trata del desarrollo gradual de una revelación pre-consciente.**"**

gestos, incluso antes de que su mente racional, más cautelosa, sea capaz de articular o de explicar esa comprensión. Se sabe del funcionamiento de ese "derramamiento" del conocimiento o de la comprensión a través del vehículo de las intuiciones sensoriales, antes de que el cerebro esté listo para expresarlas de forma más directa, gracias a diversos experimentos. Las personas, mientras elaboran un determinado problema, suelen creer que sienten corazonadas irracionales o simples suposiciones. Sin embargo un análisis más cuidadoso muestra que se trata del desarrollo gradual de una revelación pre-consciente (Bowers et al, 1990).

Eugene Sadler-Smith (2008), un experto en la intuición, afirma: "Todo el mundo tiene intuición. Es uno de los distintivos del funcionamiento del pensamiento y del comportamiento del ser humano. Nos es imposible funcionar eficazmente sin emplear las corazonadas". Las escuelas y los institutos deben descubrir la forma de desatar el poder presente en estas formas más intuitivas del conocimiento.

Para empezar a trabajar la inteligencia intuitiva

Tener acceso a esta zona eclipsada de la mente, entender sus beneficios y ser capaces de liberarlos, así como saber cómo relacionarlos con formas de pensamiento más conscientes y estructuradas hace que seamos más inteligentes. ¿Cómo pueden los profesores hacer uso de esta información para poder ayudar a los niños y a los adolescentes a ser más inteligentes?

Algunas escuelas de primaria, de vez en cuando, implican a los niños en proyectos de este tipo, enzarzándose en una "creatividad frenética" y reemplazando, durante unos días, el currículo normal por una histérica actividad artística —componer, ensayar, pintar y recortar— que culmina en una presentación, que es recibida con gran entusiasmo por parte de los padres y el resto del entorno educativo. Normalmente los niños se implican mucho y, de hecho, se muestran creativos. Los profesores se aseguran de que los más silenciosos no se queden excluidos y contribuyan de modo que se sientan orgullosos de sí mismos. Pero no queda claro si estos acontecimientos esporádicos crean algún cambio duradero en la forma que tienen los niños de pensar, en contextos que sean menos "excepcionales".

Algunas técnicas como la "lluvia de ideas" también plantean dudas. Se basan en el principio de que el fomento de un flujo acrítico de ideas estimula la construcción de la confianza en uno mismo y crea una forma de pensamiento más intuitiva. Pero aunque uno pueda simpatizar con este planteamiento, hay que decir que dichas técnicas rara vez generan unas ideas verdaderamente útiles. Hay personas que se lo pasan muy bien dejando volar su imaginación, pero las ideas que se generan en este tipo de situación suelen ser difusas y nada productivas.

© narcea, s. a. de ediciones

La investigación ha desvelado la existencia de una serie de problemas vinculados con dicha técnica. Primero, las ideas que surgen inmediatamente, "de forma espontánea", no suelen ser las más productivas. Las ideas más sopesadas y que suelen tener un mayor potencial suelen surgir tras ese primer "vaciado". Sin embargo, muchas lluvias de ideas se detienen antes de llegar a esa fase. En segundo lugar, suele ser más difícil desconectarnos de nuestra "mente crítica" de lo que este modelo presupone. Hay personas que suelen quedarse atrás por la incomodidad que les produce la evaluación y que se preocupan porque sus ideas puedan generar un comentario negativo. Y, en tercer lugar, hay que señalar que en la lluvia de ideas suelen dominar las personas más extrovertidas, quienes no tienen problema a la hora de "hablar sin pensar". Las personas menos seguras de sí mismas y menos insistentes contribuyen menos, y el intenso clamor de la lluvia de ideas hace que las ideas que ellos aportan no sean tomadas en consideración.

Dichos estudios han hecho que algunos profesores (y gestores de empresas) se decidan a diseñar una serie de alternativas más productivas que preserven las ventajas de la lluvia de ideas y a la vez hagan que aumente la calidad de las ideas que se generan.

Uno de los métodos, diseñado por un psicólogo empresarial, Peter Heslin (2009), es el denominado como "escritura del cerebro". Los alumnos trabajan en grupos de cuatro. Una vez establecido el problema o el desafío del que se partirá, el primer periodo de diez minutos se dedica a que todos apunten *en silencio* sus ideas en unas tarjetas. A continuación los miembros del grupo observan la tarjeta de cada uno de los miembros y pueden añadir sus ideas. Cada persona utiliza un bolígrafo con un color distinto para que sus contribuciones puedan identificarse. Cuando la tarjeta contenga ya cuatro ideas se sitúa en el centro de la mesa para que todos lo vean. Cuando haya varias tarjetas, el proceso pasa a una segunda fase. Cada alumno vuelve a su pupitre y trata de apuntar todas las ideas que pueda recordar (en la primera fase ya saben que tendrán que hacerlo, así que suelen prestar mucha atención a las contribuciones de los demás). Entonces se pasa a la tercera fase, en la que siguen trabajando de forma individual. Los alumnos tratan de generar más ideas. Finalmente, las comparten y discuten.

© narcea, s. a. de ediciones

En un estudio preliminar, Heslin descubrió que esta técnica había mejorado la creatividad de los alumnos y había fomentado la calidad de las ideas generadas, así como su número, tanto en comparación con las generadas con una lluvia de ideas como en comparación con el simple trabajo individual.

Para profundizar: ejemplos de experiencias educativas

Muchos profesores, actualmente, se dedican a explorar nuevas formas de que sus alumnos practiquen cómo entretejer, en su aprendizaje, las dos modalidades que hemos mencionado antes (la "montañosa" y la de la "planicie"). Puede ser algo tan simple como dedicar más tiempo a que los alumnos piensen antes de responder a una pregunta (en vez de darle la palabra al primero que levante la mano y pasar rápidamente a la siguiente actividad); es una técnica adoptada para crear una mayor implicación, aunque no sabemos si mejora la *calidad* del pensamiento y del aprendizaje. Otros profesores organizan diferentes espacios dentro del aula para animar a los alumnos a ser conscientes de estas modalidades y a emplear distintos tipos de pensamiento. Como parte de un proyecto de investigación, Vicky Scale-Constantinou, una profesora de primer curso de Primaria de la *Roath Park Primary School* de Cardiff, descubrió que "ninguno de los niños cree que la imaginación o la creatividad sean un aspecto significativo de su aprendizaje [normal]". Así que modificó el uso del espacio, de los recursos y del lenguaje en el aula para tratar de modificar esa creencia (Claxton, Edwards y Scale-Constantinou, 2006).

Con la ayuda de una sábana negra, transformó el "rincón tranquilo" en un "rincón de la creatividad": una tranquila tienda de campaña con algunas luces tenues y música. Animó a los niños a emplear el rincón de la creatividad cuando quisieran emplear su imaginación.

También organizó sesiones dedicadas al uso de la imaginación, con toda la clase. En esas sesiones, los alumnos se acostumbraron a cerrar los ojos y a dejar que les "fueran surgiendo" ideas. Los niños decidieron que les gustaría registrar lo que imaginaban, así que cada uno de ellos diseñó su propia "libreta de la imaginación" y, de forma regular, dedicaban un tiempo a escribir en ella. La profesora dijo que tuvo una gran importancia "haberles dejado muy claro a los niños que no corregiría esas libretas y que el contenido de las mismas sería fruto de su elección". Además, cada uno de los niños confeccionó su propia "insignia de la imaginación", para colgársela en la camiseta cada vez que sintieran que habían utilizado su imaginación durante las tareas cotidianas del aula. Y hablar sobre el valor de la imaginación en el aprendizaje pasó a formar parte de la cotidianidad del entorno del aula.

Se sostuvieron entrevistas individuales con todos los niños, antes y después de la implementación de dichos cambios. Las entrevistas revelaron un aumento del número de niños que afirmaba emplear de forma regular su imaginación (de 16 a 22), y un aumento muy significativo de aquellos que afirmaban que el uso de su imaginación contribuía a su aprendizaje (de 4 a 19).

Cuando se les pidió que elaboraran un poco más su respuesta, surgieron comentarios como los que siguen: "A veces, cuando necesito ayuda, empleo mi imaginación y ya no necesito ayuda externa"; "Te da ideas, porque te da la posibilidad de pensar más"; "Hace que lo que escribo sea más emocionante". La profesora estaba sorprendida porque había descubierto que buena parte de esos alumnos que solían tener un rendimiento "medio" habían respondido especialmente bien: "parecían ser los alumnos que más valoraban el uso de la imaginación y que mejor la articulaban". Era evidente que el desarrollo de la *disposición* para el uso de la imaginación en el transcurso del aprendizaje cotidiano se había visto fortalecida y que, para muchos de los niños, se había convertido, prácticamente, en su segunda naturaleza. "Son muy pocos los niños que aún ahora piden ir al 'rincón de la creatividad' cuando se sienten bloqueados con algún ejercicio, o quieren mejorar en algo, porque ya lo han interiorizado".

Mary Larrabee, una profesora de Secundaria de Estados Unidos, brindó un ejemplo de cómo trabajar para construir la capacidad creativa con alumnos algo mayores (de 14 y 15 años) que los citados en el ejemplo anterior. Para ello partió de un planteamiento del pensamiento y de la escritura creativa denominado *Thin-*

king at the Edge (TATE), desarrollado por el renombrado filósofo Eugene Gendlin. Según Gendlin (2004), "TATE es una manera sistemática de articular con términos nuevos algo que debe ser dicho, pero que en un primer momento tan solo aparece de modo incipiente".

En otras palabras: trata de enseñar a los alumnos a articular sus ideas intuitivas sin que pierdan su frescura y originalidad. TATE es una forma sistemática de prestar atención a estas intuiciones, y tratar de ponerlas por escrito con la ayuda de un compañero, que actúa como una combinación de secretario, editor y consejero, transcribe nuestras "vacilaciones y titubeos" y que nos ayuda a establecer relaciones entre las ideas y a hallar la mejor manera de trasladar en palabras lo que queremos decir, sin ánimo de crítica ni con la intención de mejorar el contenido.

A los alumnos de la clase de la profesora Larrabee se les pidió que pensaran en un área de sus vidas que fuera importante y a la vez confusa para ellos, y que identificaran todas las imágenes o sentimientos complejos que acompañaban dicha sensación de confusión.

Se les pidió que, con la ayuda de su "secretario", desarrollaran por escrito algo que expresara un intento de comprensión del asunto, y que pudieran compartir con su familia y amigos. A pesar de que la evaluación del TATE se hallara aún en una etapa inicial, Larrabee registró ciertos logros y tomó nota de algunos de los comentarios de los alumnos en relación a cuál había sido su reacción durante el proceso.

Sus descripciones de los sentidos intuitivos sobre los que se habían esforzado por centrarse fueron reveladores, y a veces extremadamente creativos:

- ✓ Se trata de una especie de gran burbuja negra de la que emerge un poco de humo que puedo llegar a aprehender, algo que siento que es original y que emerge de las profundidades de mi ser.
- ✓ Te quedas en blanco, dejas de pensar y encuentras algo, es como un despertar; es entonces cuando se supone que tu mente debe empezar a trabajar.

© narcea, s. a. de ediciones

✓ Un lugar interior... [donde puedes] ser simplemente tú mismo y hacer emerger cualquier pensamiento y ser quién eres.

Al comentar el conjunto del proceso, otro alumno que había vivido la experiencia propuesta por la profesora Larrabee, dijo:

✓ "La mejor parte (ser capaz de expresarte y pensar más allá de las fronteras mentales que normalmente nos imponemos) me ha permitido encontrarme a mí mismo".

El TATE es un planteamiento nuevo aún y relativamente incipiente para cultivar la inteligencia intuitiva, pero tanto los jóvenes como los adultos lo encuentran interesante e incluso emocionante. La idea de que a veces, la gente inteligente necesita tiempo para hallar las palabras adecuadas para decir lo que quiere decir puede ser liberadora.

Saber cómo tomarse ese tiempo y cómo emplearlo de forma útil son aspectos de la inteligencia misma, y pueden contribuir a eliminar la perniciosa idea de que las personas inteligentes son siempre rápidas, y de que decir que alguien es "lento" es un eufemismo válido para decir que es "tonto".

> "En realidad, la esencia de la inteligencia estriba en saber cuándo pensar y actuar rápidamente, y cuándo hacerlo con lentitud."

Robert Sternberg (1999) ha afirmado que "en realidad, la esencia de la inteligencia estriba en saber cuándo pensar y actuar rápidamente, y cuándo hacerlo con lentitud".

En otro lugar (Claxton y Lucas, 2007) hemos escrito sobre distintas maneras de desarrollar unos estados mentales que conduzcan al florecimiento de la imaginación y la intuición, y ahora ofrecemos una herramienta para que lo pruebes contigo mismo, con tus colegas o con tus alumnos, basándote en un proceso que hemos empleado en otros contextos.

Aunque la experiencia te pueda resultar poco familiar, cuando la hayas probado unas cuantas veces descubrirás que contribuye a que puedas pensar con originalidad y permitir que en tu mente surjan nuevas posibilidades.

Una herramienta útil:
"Deja que fluya tu mente"

He aquí un sencillo ejercicio de meditación que puede que quieras utilizar contigo mismo o con los alumnos para crear un estado mental más relajado, en el que pueda florecer la intuición. Puede que necesites que otra persona recoja lo que dices, o bien puedes grabarlo o tomar notas.

Siéntate en una silla cómoda, con la espalda recta y apoya las manos en tu regazo.

Cierra los ojos y haz tres respiraciones profundas, dejando que el aire salga emitiendo un ligero suspiro.

Siéntate en silencio durante un momento y, sencillamente, presta atención a los sonidos que hay a tu alrededor, pero trata de no centrarte en ninguno en particular.

Simplemente disfruta del hecho de escuchar los sonidos que surgen a tu alrededor.

Ahora respira lentamente hasta que tus pulmones estén llenos. Retén la respiración durante un instante y exhala lentamente.

Espera un segundo o dos y entonces empieza a respirar de forma regular y con un ritmo lento.

Ahora, con cada inspiración, te dices a ti mismo: "Mente clara; mente clara; mente clara".

Repite la frase "mente clara" lentamente, dos o tres veces mientras inspiras, luego saca el aire.

Entonces, durante la exhalación, te dices a ti mismo: "No saber". Dilo de manera que la frase se alargue durante toda la exhalación.

Imagina que tu mente deja ir todo lo que sabe de modo que cuando llegues al final de la exhalación tu mente esté abierta, alerta y a la vez vacía y en un estado de quietud.

© narcea, s. a. de ediciones

Cuestiones para reflexionar

Es probable que buena parte de las decisiones que tomamos de forma cotidiana en un centro educativo impliquen el uso de nuestra intuición. Aun así, la intuición, como una forma legítima de saber y de ser, todavía está invisibilizada en el currículo escolar. Para ayudar a pensar en cómo poner en práctica algunas ideas en torno a la inteligencia intuitiva, pueden ayudar estas cuestiones:

⇨ ¿Cuánto de lo que hago se basa en la intuición? ¿Cómo podría prestar más atención a la relación existente entre mi pensamiento deliberado y mi intuición? ¿En qué casos el hecho de pensar me ayuda a hacer mejor mi trabajo? ¿Hay momentos en los que, en realidad, se interpone en mi camino?

⇨ ¿Qué entienden mis alumnos por "intuición"? ¿Podría hablarles un poco más acerca de la inteligencia intuitiva y acerca de cuándo es bueno y cuándo es mejor no pensar en lo que uno está haciendo?

⇨ ¿Podría generar situaciones en las que pueda florecer la intuición de mis alumnos? ¿La intuición solo funciona de forma fiable en áreas en las que los alumnos tienen poca experiencia?

⇨ ¿Podríamos, mis colegas y yo, poner en común y planear algunas sesiones de aula para cultivar de forma más eficaz el pensamiento intuitivo inteligente?

⇨ ¿Podríamos utilizar el pensamiento intuitivo en asignaturas en las que normalmente no se le presta atención, como en Matemáticas o en Ciencias?

⇨ ¿Cómo podría animar a los alumnos a utilizar el pensamiento intuitivo cuando hacen los deberes?

⇨ ¿Podría crear un entorno como el que la profesora Viky Scale-Constantinou desarrolló, en el que los alumnos pudieran aprender cómo utilizar los aspectos de su mente que están más ligados a la fantasía?

5. La inteligencia es Distributiva

En el mundo que se encuentra más allá de los muros de la escuela, saber cómo resolver los problemas complejos y aprender de ellos estriba, en parte, en comprender cómo emplear con destreza las características de nuestro entorno físico y material.

ROY PEA (1993)

Empleamos nuestra inteligencia para imaginar y entonces construimos herramientas que encarnen ese acto intelectivo, de modo que podamos ahorrarnos trabajo durante la realización de una actividad frecuente.

Por ejemplo, cada año, una guarda forestal debe calcular cuánta madera hay en una determinada parte del bosque. Sus árboles crecen altos y rectos, así que el volumen de madera de un árbol se corresponde, más o menos, con el resultado de multiplicar el peso del árbol por el área diagonal del tronco. Para encontrar el área, la guarda rodea el árbol con un metro para sacar la circunferencia, y entonces, haciendo uso

> **"El buen uso de herramientas inteligentes hace más inteligentes a las personas."**

de sus conocimientos de geometría, calcula el diámetro del árbol. Resultaría bastante engorroso hacer esto con todos los árboles y además es probable que cometiera errores. Así que, empleando sus conocimientos de matemáticas, extrae la fórmula que relaciona directamente el área con la circunferencia (Área = diámetro de la circunferencia por 4 x X) y entonces —y he aquí la aportación más inteligente— confecciona un nuevo metro para inferir el área directamente. Eso simplifica mucho su trabajo y hace que

© narcea, s. a. de ediciones

se reduzca el margen de error. Esto es exactamente lo que hacen los seres humanos continuamente y la inteligencia colectiva de nuestras sociedades depende de un vasto catálogo de herramientas inteligentes que, lejos de "restarnos" inteligencia, suman (Pea, 1993).

Comprender la inteligencia distributiva

Puede que estemos entrando en una fase de explosión de la tecnología de ampliación de la inteligencia. Los robots domésticos, las aplicaciones informáticas portátiles y los fármacos para aumentar la capacidad cognitiva son ya una realidad. Las previsiones son tan emocionantes como desconcertantes. Sea como sea, el aumento de la inteligencia mediante el uso de recursos externos no es nuevo. Los primeros homínidos ya hicieron uso de ellos para cortar, arrancar hierbas, plantas y frutos. La rueda hizo que aumentara nuestra inherente habilidad para desplazarnos y transportar cosas y más adelante lo hizo también el invento del avión o del calzado deportivo. El invento de la regla para medir hizo que aumentara nuestra capacidad de calcular. Y la invención del texto incrementó nuestras habilidades para comunicarnos y recordar datos y todo tipo de cosas.

La manera que tenemos de encontrar, fabricar y utilizar herramientas que expanden nuestra capacidad de hacer cosas interesantes es tan emocionante y tan ubicua que a menudo se ha considerado como una de las características que definen la especie humana (a pesar de que existan otros animales que emplean herramientas de forma rudimentaria). El *homo sapiens* es único en su propensión para crear y adoptar "herramientas de mejora de la mente" múltiples y variadas.

Las interacciones entre las herramientas y la mente son tan intrincadas que mucha gente afirma actualmente que, de hecho, son inextricables. Clark (2003) sugiere que hoy en día no hay ninguna diferencia significativa entre que se rompa nuestro *smartphone* y tener un infarto cerebral. Ambos acontecimientos nos crean el mismo tipo de desorientación. Nos desplazamos sin esfuerzo y de for-

© narcea, s. a. de ediciones

ma incesante a caballo entre el ejercicio de nuestra propia memoria y nuestro razonamiento, y la memoria y el razonamiento aportados por nuestros *smartphones* y ordenadores portátiles, hasta el punto que se ha convertido en algo tan habitual y tan natural que se ha hecho imposible trazar una línea divisoria entre el cerebro y la herramienta, es decir, que la inteligencia "real" se halla en uno u otro dispositivo. Del mismo modo que una persona ciega siente el mundo a través de su bastón o el escritor o escritora siente el papel a través del lápiz (y no a través de sus dedos), así se expande nuestro sentido del yo, para incluir todos estos distintos tipos de dispositivos de mejora de nuestra inteligencia.

Mientras escribimos este capítulo, el texto que aparece en pantalla y que los dedos acaban de teclear penetra a través de los ojos del autor, que tiene la posibilidad de aclarar algunos puntos o desarrollarlos. El texto y la mente pensante del autor están entremezcladas en el proceso de la escritura, y el texto mismo es un producto que se convierte en una ayuda para el pensamiento, un sostén

"La manera que tenemos de encontrar, fabricar y utilizar herramientas que expanden nuestra capacidad de hacer cosas interesantes es tan emocionante y tan ubicua que a menudo se ha considerado como una de las características que definen la especie humana."

gracias al que se recompone y mejora, a resultas de dicha interacción, dando como resultado un producto mejor.

Los autores, en este caso del presente libro, tendemos a rodearnos de todo tipo de libros y de apuntes mientras escribimos frente al ordenador. En ellos encontramos infinidad de anotaciones —algunas de ellas de años atrás—, que, al leerlas, nos recuerdan algunas ideas o ejemplos que el cerebro, por sí mismo, no habría sido capaz de recuperar. En el acto de teclear, el cerebro le recuerda a su propietario (¿o es a sí mismo?) algo que había leído meses atrás sobre el acto de pensar, en este caso. En la pantalla se refleja una ojeada rápida en Google que aporta datos, listos para ser reincorporados a la mente del autor que, a su vez y gracias a la actividad de sus dedos, los inserta en el documento.

El agente inteligente en todo esto tiene que ver no solo con la persona, sino con lo que "se le añade"; esto es: la persona *más* las gafas que lleva, *más* el portátil, *más* Internet, *más* libros, *más* las anotaciones, *más* el buscador, *más* el archivador, *más* la mesa del despacho (que le permite tener visibles todos los documentos y poderlos localizar de un vistazo), *más* el papel, *más* el boligrafo, *más* el borrador de la estructura del libro y así sucesivamente. Quitarles todas estas prótesis a los autores (por cierto, a la lista anterior hay que añadir el diccionario que acabamos de consultar para confirmar el uso correcto de la palabra "prótesis"), y decirles: "Muy bien, ahora demostradme lo listos que sois" sería tan absurdo como quitarle a David Beckham sus botas y su pelota y pedirle que demuestre sus proezas como futbolista.

Qué papel cumplen las herramientas en nuestra vida

No solo se trata del hecho de que nos relacionemos con estas herramientas como si formaran parte de nosotros mismos y de que dependamos de ellas. Las herramientas nos cambian. Los taxistas de Londres utilizan mapas para aprenderse los recorridos, y mientras los utilizan, la parte de su cerebro que se ocupa de los mapas espaciales se va haciendo cada vez más grande. Mientras el músico toca el piano, las neuronas del córtex motor que controlan sus dedos se hacen más espesas y se conectan entre sí de un modo más preciso. Para sacar el máximo partido posible a nuestras herramientas tenemos que practicar, y al hacerlo, vamos ganando pericia a la hora de explotar su potencial. Cuanto más bricolaje hago, más llego a pensar como un verdadero "manitas"; cuanto más trabajo como enfermero, más compleja se vuelve mi noción de "paciente".

La tecnología cambia y la gente cambia con ella. La invención de la pértiga de fibra de vidrio hizo posible que el récord mundial de salto de pértiga aumentara casi en un metro, pero los deportistas tuvieron que aprender una nueva y difícil técnica. Los campeones que no pudieron adaptarse perdieron su récord (y se quejaron amargamente, aduciendo que el uso de la nueva pértiga equivalía a "hacer trampas"). La invención del micrófono y las oportunidades de amplificación y de grabación que implicó favorecieron la aparición de una nueva forma de cantar. Bing Crosby descubrió que, en aquellos pasajes de las canciones en los que los cantantes de otras épocas debían utilizar una fuerte voz de tenor para que se les escuchara por encima del acompañamiento, gracias al micrófono, se le seguía escuchando —incluso con su suave voz de barítono—. La habilidad para cantar con mayor suavidad permitió la comunicación de mayores matices y sutilezas en el significado de las canciones. Crosby aprendió a utilizar el micrófono como si se tratara de un instrumento musical, y pronto todo el mundo aprendió también a hacerlo.

Exactamente de la misma forma que las nuevas tecnologías favorecen que se amplíen las posibilidades del salto de pértiga o del canto, también pueden influir en el pensamiento y en la imaginación. La invención de la escritura y del dibujo hizo que las personas fueran capaces de preservar sus pensamientos mediante un registro externo, reflexionasen sobre los mismos y modificaran su forma de pensar. También permitió un tipo distinto de pensamiento colectivo: la erudición difícilmente podría existir como actividad si no fuera capaz de ponderar los pensamientos de otras personas, recogidos gracias a la escritura, y establecer un diálogo con ellos. La literatura de ficción y biográfica nos permite entrar, mediante la imaginación, en otros mundos, así como explorar, de una forma reflexiva, nuestras propias reacciones emocionales ante las realidades que retrata.

La *Clarissa* de Samuel Richardson, publicada en 1740, fue probablemente la primera novela que representó la interioridad cotidiana de la consciencia, y el novelista y erudito contemporáneo David Lodge (2005) ha afirmado que el libro evocaba y demandaba un nuevo tipo de sensibilidad por parte del lector. Era el inicio de un nuevo desarrollo de lo que Howard Gardner ha denominado como inteligencia intrapersonal. La hemos incorporado hasta el punto de que ahora, una novela contemporánea de instrospección como *Saturday*, de McEwan, nos resulta totalmente "natural" y fácil de leer, mientras que a principios del siglo XVIII nos hubiera parecido de lo más artificial.

Tecnología e inteligencia

Hoy en día, algunas de las más importantes tecnologías de expansión de la mente implican medios visuales y digitales. Mientras

© narcea, s. a. de ediciones

navegamos por Internet, jugamos con la Wii, miramos la MTV, un DVD interactivo o un programa como *Gran Hermano*, estamos aprendiendo las convenciones de cada formato, y dicho aprendizaje puede, a su vez, alterar la forma en que interpretamos y nos planteamos el mundo. Comprender el abrupto montaje de planos que se intercalan en los créditos de una serie televisiva o contemplar una película en la que la acción se desarrolla con la pantalla partida en dos, y ser capaces de completar la información que falta, son actividades que requieren de nuevas competencias mentales y de nuevas actitudes.

Gavriel Salomon ha mostrado que los jóvenes dominan dichas competencias en mayor medida que los adultos, y que la interacción con distintos formatos de medios de comunicación implica el desarrollo de importantes competencias. Además, dichas competencias y sensibilidades pueden llegar, en gran medida, a influir en la percepción y en nuestra forma de pensar. Es el caso de un alumno de los estudios de Salomon (1997), que comentó: "He aprendido a pensar en mi vida como en una serie de escenas que se superponen entre sí y se disuelven la una en la otra".

Todas las nuevas tecnologías crean perdedores y ganadores. En la Edad Media, los trovadores solían recorrer la campiña "cantando las noticias"; pero la invención de la imprenta hizo que su labor fuera innecesaria. Las "películas habladas" fueron una mala noticia para los pianistas de la época dorada del cine mudo. Pero la tecnología no solo afecta a ciertos grupos sociales o profesiones. Todas las innovaciones pueden invitar al desarrollo de nuevos instrumentos de la inteligencia; y al mismo tiempo puede hacer que otros se abandonen o se vayan dejando de lado. Lo que Salomon llama "arsenal cognitivo-representacional" de la persona puede no verse enriquecido, e incluso potencialmente sesgado. Los videos musicales y *Barrio Sésamo* pueden cultivar tanto una facilidad como un apetito en relación a un tipo de representación apresurada, ostentosa y fragmentada.

Salomon ha escrito sobre lo que él denomina "el efecto mariposa", esto es: una atención poco profunda y liviana inducida por un uso excesivo de Internet y demasiadas horas viendo canales de televisión como la MTV.

© narcea, s. a. de ediciones

Estos cambios en los hábitos de la gente joven han causado una alarma que se ha extendido por doquier[1]. Pero las tecnologías digitales no necesariamente socavan la habilidad y el placer de los aprendizaje más lentos, más detallados y concienzudos. No hay razón para afirmar que el fortalecimiento de un tipo de atención, automáticamente, debilite a las demás; pero quizás suceda. Depende, en parte, de la "dieta" de atención que se siga de forma diaria (conformada por las actividades que se suelan realizar) y en parte por la zona de nuestra mente que utilicemos con las distintas tecnologías que tengamos a nuestro alcance.

A continuación resultará útil clarificar la distinción entre los efectos *de* la tecnología y los efectos *con* la tecnología. Al trabajar con una calculadora, o con un programa gráfico de 3D, un usuario experimentado es capaz de hacer cosas que no podría hacer sin dicha tecnología, y hacerlas a mayor velocidad y con un menor esfuerzo mental. Pero una vez que nos acostumbramos a dichas herramientas, ¿qué sucede cuando carecemos de ellas? ¿Qué residuos cognitivos dejan? ¿Tu experiencia con la calculadora ha hecho que seas mejor o peor en aritmética? ¿Tu habilidad a la hora de buscar información ha mejorado o ha empeorado? Estos son los efectos *de* la tecnología y las causas que, presumiblemente, motivan nuestra preocupación.

Como profesores, no podemos saber de qué herramientas podrán disponer nuestros alumnos a lo largo de su vida. De modo que tenemos que pensar en los efectos que nuestras actividades tienen en esos hábitos más importantes de la mente y que constituyen una suerte de disco duro portátil. No importa los avances que surjan en materia de tecnología, siempre habrá necesidad de ese disco duro inteligente. Como dicen Salomon *et al.* (1991):

> "Dilemas y cuestiones del tipo: ¿Tendré que prepararme mucho para el examen? Y ¿Qué pensaran mis lectores de este tema?, necesi-

---

[1] Traemos aquí dos libro recientes, firmados por dos profesores universitarios, cuyos títulos resultan un tanto apocalípticos, son Jackson, M. (2008) *Distracted: The Erosion of Attention and the Comming Dark Age*. Nueva York: Prometheus Books; Bauerlein, M. (2009) *The Dumbest Generation: How the Digital Age Stupefies Young Americans and Jeopardizes Our Future (Or, Don't Trust Anyone Under 30)*. Los Angeles: Jeremy P. Tarcher.

tan una mente pensante independiente y capaz, no una que dependa constantemente de la tecnología, sin importar cuán inteligente sea esta".

Una disposición que moderará de forma significativa el poder de la inteligencia distributiva es lo que denominamos *el ingenio*; esto es, la tendencia permanente a estar en busca de nuevas herramientas y recursos con los que ampliar la propia inteligencia. Puedes estar rodeado por todo tipo de herramientas inteligentes, pero si no estás dispuesto a hacer uso de las mismas, será como si no existieran.

Los autores que escriben sobre inteligencia distributiva hablan a menudo de las posibilidades que permiten las distintas herramientas. Una silla nos permite sentarnos; una libreta de papel nos permite escribir; la presencia de un amigo permite que se dé una conversación; y así, sucesivamente.

Pero hay que decir que las posibilidades que se adscriben a las herramientas son subjetivas. Por ejemplo, distintas especies animales "verán" distintas posibilidades en una misma habitación. Una silla muy recta nos permitirá *sentarnos*, y sin embargo un gato podrá *dormir* y hasta *lavarse*, y quizás (si hay migajas en la moqueta) sea, para una mosca, un lugar perfecto para *comer* con tranquilidad[2].

La percepción de algunas de estas posibilidades es fija. Pero cuando la tarjeta de crédito se convierte en un improvisado cuchillo (al darte cuenta, durante el picnic, de que te has olvidado la navaja para cortar el queso) ves que se trata de algo más personal, que tiene que ver tanto con la percepción como con la ingenuidad. Ser capaz de escapar a lo que Karl Duncker (en su famosa serie de experimentos de la década de 1940) denominó como las "fijaciones funcionales" (la falta de habilidad para ver más allá de las posibilidades habituales y más obvias de los objetos) debería conver-

---

[2] Existe un precioso artículo, publicado por Jakob von Uexküll en 1934, titulado "A stroll through the worlds of animals and men" *(Un paseo por los mundos de los animales y de los hombres)* en lo que el autor ilustra qué posibilidades encierra el mundo para distintas especies. ¡Es apasionante constatar lo diferente que se ve el mundo a través de los ojos de una vieira, por ejemplo!

© narcea, s. a. de ediciones

tirse en el objetivo educativo clave de todo profesor que se tome en serio la idea de la inteligencia distributiva. Tal y como señala Luis Moll (1993): "Una de las metas del profesor es enseñar a los niños cómo explotar los recursos de su entorno, cómo convertirse en usuarios conscientes de los recursos culturales de los que dispongan para pensar; sea un libro, el bilingüismo, la biblioteca o los demás niños".

Ampliar la mente

Lo que emerge de todos estos estudios es, nuevamente, una visión muy distinta de la inteligencia, alejada del modelo *ultra-racionalista* que describimos al principio de este libro. Ser inteligente depende de las herramientas que tengas a mano, de cómo acomodes tu propia mente y tu cuerpo a su potencial y el impacto más amplio que dicha adaptación pueda tener en el modo de relacionarte con el mundo.

Esto es a lo que los psicólogos se refieren cuando hablan de la "mente expandida". Esta es la razón por la que tenemos que hablar de la inteligencia añadiéndole el adjetivo de "distributiva", y no localizada en el órgano que hallamos en el interior del cráneo. Y esta es la razón por la que, como dice Luis Moll, la tarea del profesor estriba en hacer que los alumnos no dependan de las herramientas digitales —no privándoles de las mismas—, sino ayudándoles a desarrollar sus propias herramientas mentales, fomentando en ellos la habilidad de emplear herramientas para ampliar su propia capacidad interna, así como para hacer cosas interesantes.

Pero la existencia de nuevas herramientas no es en absoluto, o no lo es siempre, una buena noticia. Al tiempo que descubrimos sus posibilidades y nos adaptamos para ser capaces de usarlas, vamos viendo cómo emergen problemas y dilemas imprevistos. Las herramientas digitales como Internet ponen a nuestra disposición grandes cantidades de información que hace tan solo diez años eran inimaginables. ¿Pero se trata de *buena* información? ¿Cómo saber si la Wikipedia te está diciendo la verdad? La disponibilidad de recursos es una disposición clave que debe ir acompañada cuando se trata de hacer un buen uso de las herramientas y de la tecnología, de un *escepticismo inteligente*. Quizás la educación del siglo XXI tenga que ver con el cultivo de ese tipo de escepticismo.

Pero existe otro asunto más profundo que el escepticismo. Así como se está convirtiendo en algo cada vez más importante el ser capaz de decir si la información es confiable o no lo es, también está en el punto de mira el desarrollar la capacidad de determinar si es *sana* o no lo es. Existe una gran cantidad de imágenes y de información a nuestro alcance mediante un simple *clic* del ratón que no solo es de dudosa validez, sino que es repugnante a nivel moral. Antes de Internet, era más fácil proteger a los niños de la pornografía, por ejemplo. La tradicional "estantería oculta" de la librería local contenía un material que resultaría muy suave en comparación con lo que ya ha visto en Internet cualquier niño de nueve años en la actualidad.

En el capítulo anterior ya mencionamos brevemente los sistemas emocionales básicos, y uno de ellos era el *sistema del disgusto*, diseñado para impedir la entrada o expelir materiales y experiencias nocivas. Aunque todos estos sistemas sean sin duda valiosos, lo que les amenaza, y las formas en las que se expresan, son vastamente modificadas por el aprendizaje cultural. Los jóvenes aprenden de sus familias, y luego de sus iguales, qué es lo que deben temer, por qué enfadarse o qué les producirá disgusto. Existe el peligro real de que la presión de sus iguales por ser "guay" o "estar por encima" les conduzca a saltarse el sistema del disgusto o haga que sean incapaces de sentirse repugnados o ultrajados —con razón— por cosas que en otro contexto les disgustarían. No se trata de dónde trazar la línea que separa lo moral de lo inmoral, sino de qué efectos sociales y personales tiene la pérdida del uso del sistema del disgusto en la era digital.

Este es un ejemplo claro de cómo estas nuevas herramientas pueden hacer emerger todo tipo de complejas e inesperadas cuestiones. Tanto las escuelas como las familias deben hallar la forma de comprender estas peliagudas cuestiones.

> "La inteligencia ya no es un atributo personal, encerrado en los recovecos del razonamiento privado; se entremezcla con el mundo de muchas y muy útiles maneras."

© narcea, s. a. de ediciones

Para empezar a trabajar la inteligencia distributiva

La educación siempre ha hecho uso de herramientas para ayudar a los alumnos a pensar y a aprender: es muy difícil hacer una división larga si no contamos con una calculadora; si no la tenemos, al menos puede que necesitemos un papel y un bolígrafo (así como lo que podamos recordar de lo aprendido en la escuela). Mientras divides 4385 entre 17 en tu cabeza, tu bolígrafo y tu libreta trabajan conjuntamente y sin titubeos, al tiempo que recoges en la página lo que no puedes retener con tu mente.

También pueden resultar útiles ciertas herramientas visuales como los diagramas de Venn o los mapas mentales. Este tipo de trucos son de ayuda para organizar y estructurar lo que sabes sobre Francia o sobre los neuropéptidos, por ejemplo. Algunos profesores suelen usar estas herramientas para contribuir a que los alumnos sean más conscientes y más sofisticados en su aprendizaje. Hacen que se pregunten cuándo sería útil utilizar un mapa mental y con qué objetivo. Invitan a los alumnos a experimentar con distintos diseños de los mismos, aplicados a distintas tareas, y a hablar con el resto de los compañeros de clase acerca de sus incursiones y sus descubrimientos. Pero otros tienden a enseñar los mapas mentales como si sirvieran para todo y hubiera una forma "correcta" de hacerlos.

Un padre le preguntó a su hija, de once años, si había hecho "mapas mentales" en la escuela. Ella dijo que sí, y se ofreció a dibujarle uno. Era un precioso mapa del reino animal: todas la líneas tenían la longitud correcta y palabras tan difíciles como "invertebrados" estaban escritas sin faltas de ortografía. El padre estaba impresionado, pero también sintió una cierta desconfianza. "¿Habías hecho antes este mapa?", le preguntó. "Oh, claro, cientos de veces", dijo la niña, "¡Es el favorito de la maestra!". Cuando él sugirió que hiciera uno que no hubiera hecho nunca antes, se produjo un largo silencio, y su hija dijo, incómoda: "Me voy a jugar fuera, al tobogán...". Está claro que no había aprendido a pensar en los pros y contras de los mapas mentales, ni a considerarse a sí misma como una constructora y usuaria inteligente de unos mapas mentales que le ayudaran a pensar, a aprender y a recordar cosas úti-

© narcea, s. a. de ediciones

les. Sencillamente había aprendido a hacer unos cuantos. Y eso nos parece un desperdicio para una herramienta tan útil, por no decir que es malgastar el tiempo de una niña tan brillante.

Podemos aplicar el mismo planteamiento al uso de los ordenadores en las escuelas. Una de las escuelas que visitamos en Nueva Zelanda tenía dos magníficos ordenadores nuevos, en dos aulas colindantes. En una de las aulas, grupos reducidos de niños de 12 años se dedicaban a explorar el potencial de un programa avanzado de maquetación —con más éxito que muchos adultos— y a debatir cómo podrían usarlo para los proyectos de ciencias en los que estaban trabajando. En el aula contigua, los niños de 12 años estaban sentados frente a las pantallas, haciendo ejercicios de matemáticas de lo más tradicional. En la primera aula descrita, los alumnos estaban usando la herramienta en cuestión para ejercitar el poder de su imaginación, de su capacidad de colaboración y de comunicación; siendo conscientes, poco a poco, de las utilidades de la misma. En la segunda aula descrita, los alumnos se encontraban exactamente ante el mismo tipo de problemas matemáticos que los profesores suelen apuntar en la pizarra desde hace décadas.

Para profundizar: ejemplos de experiencias educativas

En el laboratorio de informática del instituto de San Bonifacio, en Plymouth (Inglaterra), una serie de grupos mixtos de niños de doce a quince años trabajan juntos en un proyecto llamado ASPIRE. Su tarea consiste en diseñar una página web que anime a otros alumnos de secundaria a pensar en el futuro de la educación, y en cómo hacer para que las escuelas les preparen mejor para su futuro.

En primer lugar, deben diseñar una página, y llenarla de una amplia variedad de juegos, cuestionarios y motivos que contribuyan a estimular el pensamiento imaginativo y el debate. Existen diversos grados de sofisticación en la manera que tienen los grupos de enfrentarse a este desafío. Algunos de los nuevos alumnos encuentran que es difícil pensar en nada que vaya más allá de la adquisición de unos pupitres más cómodos o de una máquina de bebidas un poco más moderna. Otros han dado por sentado que todo lo que tenían que hacer es pensar en cómo querrían que fuera su escuela, teclear sus ideas en la página web y, simplemente, esperar que los demás estén de acuerdo con ellas.

Pero hubo otros que profundizaron un poco más en la tarea. Uno de los grupos se dio cuenta de que las primeras ideas que se les habían ocurrido eran muy "de chicos" y demasiado adscritas a su edad y a su contexto, y de que no todos los visitantes de la página (chicas, alumnos de otras edades o de otras culturas, por ejemplo) se sentirían interesados por el mismo tipo de juegos. Su tarea ahora (descubierta por ellos mismos) consistiría entonces en implicar a distintas audiencias y luchar con inteligencia y compromiso para escapar de las garras de su campo gravitacional de intereses, perfil y origen. Mientras iban surgiendo nuevas reflexiones y cuestiones, iban consultando y buscando otras páginas en Internet, y empezaron a preguntarse si podría haber gente de otras escuelas y de distintas partes del mundo que quisieran ayudarles a mejorar su página web.

Al introducir herramientas digitales en la escuela de una forma creativa que ponga en juego los deseos de los jóvenes por hacer "cosas de verdad", se les da la oportunidad de ejercitar y fortalecer el potencial de su propia inteligencia.

El último ejemplo se basa en la investigación de Ellen Langer (1997), en Harvard, en torno al lenguaje. Mediante una gran cantidad de estudios, Langer ha descubierto que, si uno presenta la información de una forma titubeante y provisional, los alumnos son más capaces de utilizarla de forma concienzuda y creativa. Muéstrale a la clase una goma de borrar con una forma graciosa y di "Esto *podría* ser el juguete de un perro" y es mucho más probable que los alumnos sean capaces de ver que también se puede emplear para borrar lo que se ha escrito con el lápiz cuando se dé la necesidad de hacerlo. En otras palabras: su investigación nos invita a tener una actitud más imaginativa, productiva y escéptica frente a lo que se nos dice. Esa es exactamente la actitud que, como dijimos con anterioridad, es tan importante que los jóvenes desarrollen cuando se enfrentan a los distintos tipos de conocimientos que se hallan en Internet.

© narcea, s. a. de ediciones

Los profesores, cuando toman en consideración este asunto, suelen tener reservas a la hora de aplicarlo a su didáctica. Pero un aliento como el que aporta el trabajo de Ellen Langer puede hacer que ese cambio se dé. Uno de nosotros se hallaba hablando con un grupo de profesores de Historia de instituto, no hace mucho tiempo, que se quejaban de lo crédulos y acríticos que eran sus alumnos en relación a Internet: "Confían en todo lo que se publica en la Wikipedia", dijo uno, con exasperación. Nosotros preguntamos, educadamente, cómo podían estar completamente seguros de que su forma de enseñar la dinastía de los Tudor o las causas de la Primera Guerra Mundial, fomentaban y reforzaban ese escepticismo inteligente frente al conocimiento que ahora echaban de menos en sus alumnos. Admitieron que podrían plantearse la adopción de un estilo más relativista en su didáctica.

En nuestra opinión, las escuelas serán más eficaces a la hora de expandir la inteligencia para el mundo real de sus alumnos si se ajustan a este tipo de asunciones y hábitos de partida que importando nuevos y sofisticados programas de "competencias del pensamiento".

Una herramienta útil:
"LA CAJA DE HERRAMIENTAS"

Quien aprende de forma inteligente requiere de práctica para tener recursos o, mejor dicho, preservar esa actitud de apertura hacia los mismos. Practica para buscar recursos y herramientas que hagan más potente su aprendizaje.

Puedes proponer una lluvia de ideas con todas las cosas que suelen ayudarles a ampliar sus competencias y a dominar las ideas complejas. Establece previamente una rutina regular de aula: la herramienta de revisión. "Atento todo el mundo: parad un momento y preguntaros, con vuestro compañero y durante un minuto, qué cosas y qué recursos os podrían ayudar con lo que estáis aprendiendo ahora mismo".

Haz que los alumnos creen, y puedan seguir añadiendo ideas a un mural visual con todos los recursos que se les ocurran y que les ayuden a aprender, titulado algo así como: "Recursos que me ayudan cuando estoy bloqueado".

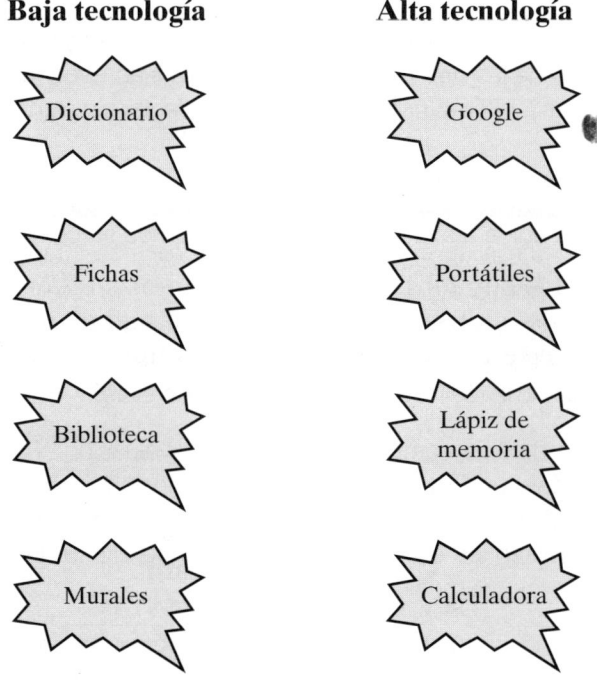

Cuestiones para reflexionar

Muchas escuelas e institutos siguen desconfiando de las nuevas herramientas y de los nuevos recursos que tenemos a nuestro alcance. ¡Si David Beckam estuviera presente es probable que le pidiéramos que se quitara sus botas de fútbol y que se sentara con un

© narcea, s. a. de ediciones

papel y un lápiz para evaluar sus competencias deportivas, sin darnos ni cuenta de lo ridículo de la situación!

Para ayudarte a pensar en cómo poner en práctica algunas de las ideas expuestas anteriormente en torno a la inteligencia distributiva puede que quieras preguntarte lo siguiente:

⇨ ¿Cómo podría analizar junto a los alumnos cuáles son las herramientas de las que dependen? ¿Qué podrían hacer si no contaran con ellas? ¿Cómo nos las podríamos arreglar sin ciertas herramientas?

⇨ ¿Hasta qué punto la tecnología es beneficiosa o perniciosa? Quizá pueda pedirle a mis colegas o a los alumnos su opinión.

⇨ ¿Cómo podría ayudar a los alumnos y a los profesores para que consideren las herramientas de forma distinta? Quizá podría mostrar ciertas herramientas (de baja y de alta tecnología) y pedirle a los alumnos que realicen distintas tareas con ellas?

⇨ ¿Cómo debería cambiar el sistema de evaluación si adoptamos la responsabilidad de desarrollar la "conciencia respecto a las herramientas" de una forma más seria? ¿Estoy siendo innecesariamente restrictivo en los exámenes, en lo que toca al uso de herramientas durante los mismos?

⇨ ¿Puedo hacer que los alumnos (y mis colegas) piensen y hablen más acerca del desarrollo de herramientas a lo largo de la historia, de las ciencias, de las matemáticas o de la literatura? Por ejemplo, haciendo una lista de aquellas personalidades que consideran que han desarrollado una actividad inteligente e integral en cada uno de los campos citados.

⇨ ¿Cómo podríamos cultivar un "escepticismo inteligente" en los alumnos sin poner en riesgo su entusiasmo?

⇨ ¿Podría proponer, por ejemplo, que los alumnos realicen una determinada tarea contando con herramientas que les sean familiares y luego que la repitan sin ellas para que reflexionen sobre la diferencia?

6. La inteligencia es Social

La inteligencia es un triunfo social, que revela la deuda contraída con las generaciones precedentes, con otras culturas, con maestros, con profesores, con los padres y con la televisión. La inteligencia colectiva implica un enorme cambio en el modo en que pensamos en la relación existente entre el individuo y la sociedad, y, en consecuencia, en el modo en el que organizamos nuestras escuelas.

PHIL BROWN Y HUGH LAUDER (2000)

¿Te has preguntado alguna vez lo valiosa que es la interacción social? El investigador Oscar Ybarra y sus colegas (2008) de la Universidad de Michigan decidieron que lo descubrirían gracias a dos experimentos. Primero, supervisaron a 3610 personas de edades comprendidas entre los 24 y los 96 años para establecer sus patrones de interacción social. Le entregaron a cada uno de ellos un test de funcionamiento mental que está muy extendido y, tras supervisar sus variables, buscaron la conexión entre la frecuencia de los contactos sociales y su funcionamiento mental. Resultó que cuanto más contacto social tenían, mayor era su funcionamiento cognitivo.

Alentados por ese descubrimiento, los investigadores compararon entonces los respectivos beneficios de diversos tipos de actividades realizadas por alumnos universitarios. Los alumnos se repartieron en tres grupos. El primer grupo debatió el tema social durante diez minutos. El segundo realizó tareas tales como un test de comprensión y un crucigrama. Y el tercero, el grupo de control, vio un fragmento de diez minutos de una serie televisiva. A continuación todos los alumnos realizaron test que evaluaban su procesamiento mental y su memoria. Los resultados mostraron que el rendimiento cognitivo de los alumnos que habían dedicado diez minutos a hablar del tema había aumentado en igual medida que

© narcea, s. a. de ediciones

aquellos que habían tomado parte en actividades con un estatuto intelectual más obvio. Esta investigación sugiere cuál es el poder de la interacción social. Bastan diez minutos de debate con los demás para mejorar nuestro rendimiento mental.

La inteligencia *es* social, y, en gran medida, surge en grupo. Aun así, durante años, nos dedicamos a medir la inteligencia siguiendo un patrón individual, como si fueran los alumnos individuales y no los grupos quienes realizaran las pruebas y los exámenes en los centros educativos.

> **"Ser inteligente va más allá de lo que podamos hacer a nivel individual; la forma en la que nos relacionamos con los demás es un elemento crucial que determina cuán listos seremos en el mundo real."**

De hecho, el trabajo cooperativo, en la escuela, aún está teñido de la idea de que, en cierto modo, es menos "serio" que el trabajo individual. Y los boletines de notas de las escuelas se centran en los alumnos a nivel individual, tendiendo tan solo a tomar nota de las competencias sociales cuando se observa una carencia de las mismas. Este individualismo ha logrado, durante demasiado tiempo, infravalorar otras perspectivas más sociales y comunitarias. Es la misma cultura del individualismo que invade a la sociedad, más allá de los muros de la escuela, especialmente en países como Estados Unidos, Australia, Inglaterra o Canadá.

En vez de hablar de *capital humano*, creyendo que el objetivo de la educación es crear montones de individuos inteligentes, deberíamos hablar de *capital social* y reconocer que el talento no existe de forma aislada. Actualmente, los niños crecen en un mundo que está conectado globalmente. Youtube, Facebook y MSN Messenger son solo tres ejemplos comunes de los espacios sociales en línea a los que los jóvenes dedican buena parte de su tiempo. Incluso es posible utilizar Internet para participar en juegos colaborativos con otros jugadores del otro lado del mundo, así como para jugar a otros más tradicionales.

El mundo jamás había sido un lugar tan globalmente interconectado, y aun así, la mayor parte de las escuelas siguen orientadas y empecinadas en centrarse en el individuo. En Inglaterra, ese individualismo ha adquirido, recientemente, una fuerza inusitada a través del uso de la expresión "aprendizaje personalizado".

© narcea, s. a. de ediciones

Por supuesto que es de ayuda centrarse con mayor precisión en las necesidades de los alumnos, pero quizás necesitemos una iniciativa paralela en lo que atañe al "aprendizaje social".

Charles Leadbeater (2009), experto en creatividad, analizó recientemente el impacto de internet en la manera que tenemos de ver el mundo y concluyó que las mentes de las generaciones actuales se conforman a través de los mundos virtuales y de las páginas web de las redes sociales. Concluyó que las mentes jóvenes son tan sociales como individuales: "Buscan la información por sí mismos y esperan y agradecen todas las oportunidades que se les dan para participar, colaborar, compartir y trabajar con sus iguales". Parece imposible que las escuelas sigan resistiéndose a este creciente patrón de interacción social en la forma en la que estructuran el aprendizaje y la evaluación. Sin duda deberían modificar la actitud que tienen frente al conocimiento, y valorar la capacidad de colaboración, al menos en la misma medida en que valoran la habilidad de sentarse, aislado, en un caluroso día de verano para regurgitar, heroicamente, una serie de datos en forma de redacción.

> "Por supuesto que es importante fomentar el "aprendizaje presonalizado", pero quizás necesitemos una iniciativa paralela en lo que atañe al "aprendizaje social"."

En este capítulo analizaremos los distintos aspectos de una inteligencia y un aprendizaje que son, en buena parte, conceptos sociales. Veremos de qué modo se distribuye la inteligencia entre la gente y las distintas maneras que tienen los grupos y las personas inteligentes de acceder al potencial mental de quienes les rodean. Recordaremos la necesidad de comportarnos con reciprocidad y recordaremos que la inteligencia es, en un sentido muy potente, socialmente contagiosa. Afirmaremos que toda acción realmente inteligente requiere que seamos conscientes del efecto que tiene en los demás.

Comprender la inteligencia social

En primer lugar, vamos a dar algunos datos de la historia de la inteligencia social. Sin duda, el padre de la inteligencia social es

Edward Thorndike. Ya en 1920, Thorndike definía la inteligencia social como el ser capaz de "actuar con sabiduría en las relaciones humanas". Aun así, el divulgador más conocido del componente social de la mente fue Lev Vygotsky. Vygotsky escribió sus obras durante la primera mitad del siglo XX, aunque la mayor parte de ellas no fueron traducidas a otras lenguas hasta pasados unos años. Contribuyó a que nos diésemos cuenta de hasta qué punto el aprendizaje está socialmente construido. Desafiando directamente a Piaget, que consideraba que los alumnos debían haber consolidado ciertas fases de su desarrollo para aprender determinadas cosas, Vygotsgy (1978) sugiere que, de hecho, el aprendizaje social *precede* al desarrollo. Cada función del desarrollo cultural del niño aparece por duplicado: primero en un nivel social, y más tarde, en un nivel individual. El primer nivel se da entre las personas (interpsicológico) y entonces dentro del niño (intrapsicológico). Vygotsky afirma que el conocimiento es algo que construimos socialmente, a través de nuestras interacciones con nuestros iguales y con aquellos que saben más que nosotros.

El papel de la imitación

Buena parte del aprendizaje tiene lugar a través del proceso de la imitación. Un alumno contempla la forma en que responde uno de sus colegas a una pregunta difícil y trata de hacerlo de forma similar. Los profesores ofrecen modelos: técnicas, herramientas, patrones de comportamiento, para que los alumnos los imiten y los hagan suyos. En Estados Unidos, el papel que juega la imitación en el comportamiento inteligente fue investigado por Albert Bandura. Analizó la forma que tenemos de observar el comportamiento y sus resultados para entonces imitar o evitar lo que hemos observado. Según el análisis de Bandura, no podemos escapar al hecho de que cada uno de nosotros es un modelo de aprendizaje para los demás. Y, es más, dentro de la jerarquía del aula, lo que hace o no hace el profesor es una fuerza muy poderosa.

Bandura describió las condiciones necesarias para la imitación y el modelado eficaz. En primer lugar, el sujeto debe saber qué observar. Entonces debe recordar y retener lo que ha observado. Y finalmente debe ser capaz, y debe tener la voluntad, de reproducir el comportamiento en cuestión. Como plantea Bandura (1977) con mucha gracia: "el aprendizaje sería excesivamente laborioso —por no decir azaroso— si las personas tuvieran que basarse únicamente en los efectos de su propias acciones para saber qué hacer. Afortunadamente, la mayor parte del comportamiento humano se aprende a través de la observación y el modelado: a través de la observación de los demás uno se forma una idea de cómo se sostienen nuevos comportamientos, y en posteriores ocasiones esta información codificada nos servirá como una guía para la acción".

Resulta interesante apuntar que hace poco que la neurociencia ha empezado a señalar lo que sucede en el cerebro cuando observamos a los demás. Existe un tipo especial de células del cerebro denominadas "neuronas espejo" que no se activan solo cuando realizamos una acción, sino también cuando miramos cómo los demás hacen algo similar. Parece ser que nuestros cerebros están programados para fijarnos en los demás e imitarlos. Es más, las investigaciones (Iacoboni et al., 2005) sugieren que no solo nuestros cerebros registran lo que hacen los demás y hasta activan los circuitos neuronales que utilizaríamos si realizáramos la misma acción que contemplamos, sino que también son capaces de leer las intenciones (los "porqués") que se ocultan tras lo que vemos. Incluso los jóvenes no solo imitan lo que observan, sino que disciernen el propósito que hay tras la acción en cuestión y lo tienen en cuenta a la hora de determinar cuándo y cómo reproducirla.

En psicología, existe también un campo de investigación conocido como *contagio social* que trata de explicar cómo es que se puede "coger" (como si se tratara de una gripe) un determinado comportamiento, mediante el mero contacto con otras personas. Existe un incipiente consenso al respecto: hay dos comportamientos que se pueden adquirir de este modo. El primero se puede resumir con la palabra "estado de ánimo" y el segundo con la palabra "comportamiento".

Como todo profesor sabe, ciertas clases van mejor porque el estado de ánimo del grupo es bueno. O el estado de ánimo general puede cambiar a consecuencia de unos pocos, que "contagian" a los demás. En términos de comportamiento, la teoría del "contagio social" puede emplearse para explicar las actividades de imitación de cualquier grupo. De igual modo, puede utilizarse para ayudar a entender ciertas expresiones de altruismo colectivo, como cuando la gente normal toma las calles para ayudar en pro de una causa que nunca antes había llamado su atención.

¿La inteligencia misma es contagiosa? Ciertamente, la evidencia sugiere que los *grupos de iguales* y la *presión social* son dos variables significativas en lo que atañe a nuestras posibilidades de éxito en la vida. Pero ¿puedes "contagiarte" de la inteligencia de los demás? Suponemos que en cierto modo, puede suceder. Sencillamente, rodearte de personas que tengan pericia a la hora de "decodificar" las situaciones sociales (o que sean capaces de aprovechar al máximo las herramientas que analizamos en el capítulo anterior, por ejemplo), hará que aumenten las probabilidades de que también tú seas capaz de funcionar de forma inteligente.

Por ejemplo, John Dewey (1916), el gran educador norteamericano, reivindicó con pasión un planteamiento más cooperativo del aprendizaje, utilizando expresiones como "inteligencia cooperativa" o "inteligencia colectiva" en distintos contextos. Dewey lo explicaba sugiriendo que: "El 'yo' llega a tener mente en el mismo grado en que el conocimiento de las cosas se encarna en su vida; el 'yo' no es una mente separada que construye conocimiento por su cuenta". En otras palabras, para que el conocimiento sea útil en un sentido real, debe tener una expresión en las relaciones y en la actividad social. No existe hombre o mujer que sea una isla.

> **"En otras palabras, para que el conocimiento sea realmente útil, debe tener una expresión en las relaciones y en la actividad social. No existe ninguna persona que sea una isla."**

Al actualizar esta corriente de pensamiento, Phil Brown y Hugh Lauder (2000), unos investigadores ingleses de la educación a quienes pertenece la cita que inicia este capítulo, afirman que el concepto de inteligencia colectiva es una poderosa metáfora y una solución potencial para explicar las persistentes desigualdades sociales que existen en la educación. Configurar un sistema educativo que gire en torno a la idea de la inteligencia colectiva supone una fuerte afirmación del deseo de ayudar a los jóvenes a aprender a organizarse para resolver los problemas que compartimos, así como a desarrollarse plenamente.

Comunidades de práctica

Gracias a la investigación realizada por Jean Lave y Etienne Wenger (1991) ahora sabemos mucho más no solo acerca de los elementos sociales del aprendizaje, sino también de cómo este se sitúa en un determinado contexto. El modo en que aprendemos en un determinado campo del deporte, en un laboratorio de ciencias o en un grupo de teatro está fuertemente influido por la situación social y por la naturaleza de la actividad a la que nos dedicamos. El modo en que se organiza el aprendizaje en las clases de matemáticas de una escuela, en un equipo deportivo, en un grupo de rock o en un grupo de teatro *amateur* es muy distinto, y esas diferencias culturales influyen mucho en el crecimiento personal y en el pensamiento de los individuos.

El contexto importa, y mucho. Lave y Wenger (1984) acuñaron una expresión útil: *comunidades de práctica*, para describir los aprendizajes sociales que se adquieren en comunidad. Los miembros de una comunidad persiguen un interés común y se ayudan entre sí para hacerlo. Y mientras trabajan y resuelven problemas juntos, se "contagian" entre sí hábitos de aprendizaje y actitudes. Los nuevos miembros observan con atención cómo hablan los miembros más asentados, cómo reaccionan y cómo se enfrentan a los desafíos, como hacen los niños cuando quieren unirse a un determinado "grupito" de colegas. Lave y Wenger denominaron esta fase de adhesión a una determinada comunidad como "participación periférica legitimada".

La palabra "práctica" (en la expresión "comunidades de práctica") nos recuerda el uso del verbo "practicar". Mientras nos introducimos en un grupo o en una comunidad, necesariamente pasamos por un tipo de iniciación en el que aprendemos, gradualmente, cómo llevar a cabo una determinada actividad. Para lograrlo, practicamos con otras personas que tienen más competencia en dicho aprendizaje (que están más cerca del "centro" de dicha comunidad), tanto en cuanto a su repertorio de recursos como en materia de ideas al respecto. La práctica también sugiere que el aprendizaje es un proceso, no un acontecimiento; requiere tiempo. Los alumnos de medicina, por ejemplo, van desarrollando lentamente sus competencias clínicas, al tiempo que van identificándose con los papeles y las identidades que observan en sus colegas mayores o más experimentados (un proceso al que los franceses se refieren como *déformation professionnelle*).

El aprendizaje en estos casos se da más en la relación personal que en la mente de cada uno. El aprendizaje se halla en las conversaciones y en las interacciones de la comunidad y no tanto en algo que posea el individuo. Los jóvenes (y los adultos), necesariamente, forman parte de varias comunidades de práctica. Si tu caso es el de un profesor que está leyendo el presente libro *Nuevas inteligencias,* es obvio que perteneces a una comunidad (¡especialmente si estás asistiendo a un seminario sobre el tema!). Pero pertenecerás a muchos otros "grupos", y cada uno tendrá sus propias formas de actuar y de pensar (familias, grupos de "crianza" para madres, padres y criaturas, clubs de fútbol, grupos de música, espectadores de telenovelas, grupos de excursionismo, comunidades religiosas o chats).

Podemos identificar en este tema muchas implicaciones para la escuela. Partiendo de la idea de que quieres que los alumnos formen parte de una comunidad de práctica denominada "escuela", entonces, tal y como observaron Barbara Rogoff y Jean Lav (1984), es probable que quieras invertir esfuerzos en asegurarte de que les brindas "una educación que se construya sobre los intereses de los alumnos de una forma colaborativa". Basándose en su trabajo en torno al aprendizaje informal (desarrollado en buena parte en entornos de aprendizaje no occidentales), Rogoff acuñó una expresión muy útil: "observar y echar una mano", para describir el modo en que aprendemos (los miembros más jóvenes de una familia, por ejemplo): observando a los mayores atentamente y entonces, cuando estamos listos, "echando una mano" o haciéndolo solos para ver cómo nos va.

Este es solo un tipo de participación periférica legitimada, pero seguro que se te ocurrirán muchas de las formas que tienen tus alumnos de desplazarse desde la periferia de las comunidades de aprendizaje de las que forman parte, tanto en la escuela como fuera de ella, hasta que llegan al centro educativo. Rogoff hace hincapié en el contraste existente entre el "propósito de participación en la comunidad" (la observación y ese "echar una mano" que hemos mencionado) y la "educación tipo cadena de montaje" (el planteamiento de la enseñanza como una fábrica, que prevalece en muchas culturas del aula).

Chris Watkins (2005) ha adoptado la idea de la comunidad de práctica y la ha aplicado explícitamente al aula. En un intento deliberado por alejarse del paradigma que dice que "el aprendizaje equivale a que alguien te enseñe algo" se ha centrado en la idea de que la gestión del aula es la variable más significativa en términos de cuál es su contribución al aprendizaje. Tomando este hecho como punto de partida, ha considerado que era necesario identificar qué elementos de la práctica de la comunidad del aula eran más beneficiosos para el aprendizaje.

Watkins describe tres estadios en el desarrollo de las comunidades de aprendizaje:

1. Las aulas como *comunidades* en las que el profesor construye un sentido de comunidad, en la que los alumnos están implicados activamente y tienen la posibilidad de participar en la organización.

2. Las aulas como *comunidades de sujetos que aprenden*, en las que la mirada está puesta en el aprendizaje (en vez de, por ejemplo, en la didáctica). Es probable que se haga hincapié en que los alumnos generen sus propias preguntas, en lograr niveles altos de interacción entre el alumnado y en un buen nivel de participación.

3. Las aulas como *comunidades de aprendizaje*, en las que se hace hincapié en la creación activa de un conocimiento que les importe a todos, incluido el profesor. Watkins explica: "Un aula que funcione como una comunidad de aprendizaje opera sobre la idea de que el desarrollo del conocimiento implica procesos individuales y sociales". En dichos contextos, los sujetos que aprenden no solo se responsabilizan de

sí mismos y de sus compañeros, sino también de lo que *deben* saber. Por la misma razón, se anima a los alumnos a contemplar el conocimiento no como algo estático ni algo que posea únicamente el profesor, sino como algo que ellos mismos contribuyen a generar.

Quien albergue dudas respecto a la influencia que tienen las comunidades de aprendizaje en los resultados de los alumnos basta con que piense en el poder implícito que juega el papel del modelado, que hemos descrito en este capítulo.

Thomas Kinderman (1993) ha mostrado hasta qué punto los grupos a los que los niños se unen de forma natural en la escuela pueden mejorar o socavar su motivación en lo académico. También descubrió que tenía lugar un tipo de contagio social en relación a la motivación, cuando los nuevos miembros adoptan el nivel de motivación de los demás miembros de su grupo. Estos descubrimientos son emocionantes y a la vez constituyen un desafío, precisamente porque hablan de aquellos grupos que los niños escogen de forma natural, y no de aquellos grupos sociales que los padres o los profesores les han "asignado".

> "Sabemos, como sabe todo profesor, que los grupos sociales y de iguales a los que los alumnos deciden adherirse en la escuela tienen un enorme impacto en su vida académica."

Trasladar la idea de la inteligencia social a una audiencia más amplia

Abandonando la escuela para adentrarnos en las complejas interacciones de la vida cotidiana, mencionaremos que Daniel Goleman (2006) popularizó, recientemente, el concepto de inteligencia social en un registro parecido al empleado en su primer ensayo, que versaba sobre la inteligencia emocional. Goleman construye su definición de la inteligencia social a través de dos categorías: la conciencia social y la habilidad social, las cuales a su vez recogen cada una de ellas, cuatro elementos.

- **Conciencia social:**
  — *Empatía primaria:* captar las señales no verbales.

- *Armonía:* escuchar con atención y de forma receptiva.
- *Rigor empático:* entender los pensamientos, los sentimientos y las intenciones de los demás.
- *Conocimiento social:* conocer cómo funcionan los grupos sociales.

- **Habilidad social:**
  - *Sincronía:* una interacción suave a nivel no-verbal.
  - *Auto-presentación:* una auto-presentación eficaz.
  - *Influencia:* dar forma a los resultados durante la interacción social.
  - *Preocupación:* preocuparse por las necesidades de los demás y actuar en consecuencia.

Estos ocho elementos brindan un enfoque útil del tipo de disposiciones que uno debe tratar de cultivar en el aula, así como de aquellos atributos que caracterizarán a los adultos socialmente inteligentes a lo largo de su vida. Crecer es, como sugirió Nicholas Humphrey (1984), una especie de "ajedrez de tipo social". Como sugiere la metáfora, los niños aprenden, constantemente, a observar a quienes les rodean para descubrir sus intenciones: familiares, profesores, amigos y enemigos. Hemos descuidado este aspecto de la inteligencia y, ahora, el desafío de la escuela debe consistir, precisamente, en cómo desarrollarlo de una forma más eficaz.

En el capítulo anterior vimos cuán importantes son las herramientas para una persona plenamente inteligente; lo mismo se puede decir de la "herramienta" más importante con la que contamos: las personas que nos rodean. Si esto era cierto cuando vivíamos en tribu en la sabana, lo es aún más en la era de las redes sociales (¡aunque el hecho de estar en una determinada red social no contribuya, por sí mismo, a nuestra inteligencia colectiva!).

Una de las descripciones más conocidas y detalladas de la inteligencia social en acción nos la ha brindado el antropólogo cognitivo Edwin Hutchins (1995). Hutchins analizó la forma de atracar en el puerto los barcos navales, y se dio cuenta de la distribución tan extraordinaria de la inteligencia existente entre las personas que hay a bordo. Dos personas hacen observaciones visuales.

Transmiten sus observaciones a dos marineros que, a su vez, las transmiten por teléfono al puente de mando. Otras personas utilizan instrumentos especializados y mapas para trazar el recorrido del barco y supervisan la posición relativa para conocer los puntos de referencia. Así, cada pocos instantes, se pone en circulación un nuevo conjunto de datos. Nadie puede hacer su tarea en solitario, porque nadie está en posesión de toda la información que se necesita; de hecho, no hay ningún individuo "al mando". Cada miembro tiene una sofisticada pieza del rompecabezas (el problema en cuestión) y su resolución depende de que cada miembro realice su parte en el momento adecuado, y transmita su vital fragmento de información a la persona adecuada. El barco navega suavemente hacia el puerto, gracias a la inteligencia social y distributiva de su flota.

Como en las comunidades de aprendizaje de Chris Watkins, no se trata de que las personas sean inteligentes y sean socialmente conscientes *en* grupo, sino de que la inteligencia emerja de los esfuerzos coordinados del grupo mismo.

Para empezar a trabajar la inteligencia social

Desde la década de 1960, las escuelas e institutos de Inglaterra se han ido alejando de un modelo de aula en el que los alumnos se sentaban de cara al profesor e intervenían tan solo cuando les preguntaban. Si visitamos unas cuantas escuelas e institutos y deambulamos por las aulas, veremos que los niños y los chicos aprenden no solo a través del empeño de su profesor (a través de la clase magistral) sino también trabajando en grupos reducidos con sus compañeros. Esto se ha convertido en algo común en años recientes. En educación primaria está muy extendido. En educación secundaria, el uso del grupo de trabajo y del debate está distribuido de una forma más irregular, y en algunas asignaturas se emplea más la interacción que en otras. En un estudio se descubrió que los profesores de lengua y de ciencias empleaban los grupos reducidos con mayor frecuencia que los profesores de matemáticas, por ejemplo (Kutnick et al., 2005). Pero todos los profesores observados supieron encontrarle distintos objetivos al uso del grupo reducido. Dichos objetivos incluían:

- Estimular, pulir y desarrollar ideas.
- Planificar, llevar a cabo, analizar y evaluar el trabajo práctico.
- Expresar los pensamientos para aclarar y mejorar la comprensión.
- Implicar a los alumnos activamente en su aprendizaje.

Pero si visitamos algunas escuelas e institutos de distintas partes del mundo observaremos una gran variación en el modo en que se emplea el grupo de trabajo. Puede ser la base para que los alumnos estén centrados y sean dinámicos, creativos y productivos. Pero puede introducirse de una forma tan vaga que el sistema la considere como algo menos valioso que el trabajo individual, sobre todo en aras de evaluar lo que ha hecho "verdaderamente" el alumno. En este caso, aún subyace la idea de que, en cierto modo, trabajar en grupo es "hacer trampas" y que en estas modalidades de trabajo los alumnos menos capaces se "apropian" de las ideas de los compañeros más listos.

Actualmente, en Inglaterra, se suele emplear un programa denominado SEAL (*Social Emotional Aspects of Learning*), que toca los aspectos sociales y emocionales del aprendizaje. Sus materiales básicos tienen que ver con el desarrollo de la inteligencia social tal y como Goleman la definió. En este programa de desarrollo del currículo se encuentran muchos materiales útiles. De todos modos, con excesiva frecuencia, el SEAL se considera como una forma de hacer que disminuyan los comportamientos indeseados, en vez de entenderlo como una forma de educación para todos los alumnos. Y como casi todos los aprendizajes tienen su componente social y emocional, el aprendizaje aislado de los mismos en cursos separados como parte del SEAL puede hacer, paradójicamente, que dichos aspectos del aprendizaje se consideren como marginales. A pesar de la existencia de una cultura que atraviesa la escuela y que valora los aspectos sociales del aprendizaje, tanto en entornos formales como en informales, es tal la presión del individualismo que quizás termine por triunfar.

© narcea, s. a. de ediciones

Para profundizar: ejemplos de experiencias educativas

Están empezando a echar raíces dos interesantes planteamientos del cultivo de la inteligencia social, ambos provenientes de los Estados Unidos. El primero es un programa conocido como *Fostering Communities of Learners* (Fomento de Comunidades de Aprendizaje) y ha sido descrito con mucha elegancia por la investigadora Ann Brown (1997) con estas palabras: "La mente está *dentro* de la cabeza, pero también está *con* los demás".

Empleando un planteamiento del aprendizaje conocido como *jigsaw groups* (grupos de rompecabezas), Brown hace que los alumnos aborden temas grandes y complejos (tales como la ecología de los animales en sus hábitats) para exigirles, a continuación, que trabajen como si la clase fuera una red de comunidades de investigación. El planteamiento se basa en la creación de un entorno de aprendizaje en el que los alumnos se vean obligados a colaborar entre sí. Cada uno de los grupos reducidos lleva adelante su propia investigación (se le asigna a cada uno un tema diferente). Pero cada poco tiempo la clase se vuelve a organizar en "grupos rompecabeza" en los que están presentes representantes de cada grupo de investigación, que comparten con los demás sus progresos y sus preguntas, y que después trasladan a su grupo reducido para que avance la investigación.

Los alumnos de las clases de Brown sacaron mejores resultados en los exámenes oficiales que otros alumnos que habían trabajado en situaciones más convencionales, y se registraron mejoras significativas y sostenidas, demostrando una pericia que suele asociarse con alumnos de edades superiores.

Otra idea que se emplea cada vez más en la formación de profesorado y que puede modificarse para utilizarse en el aula es el *Open Space* (espacio abierto). Creado por Harrison Owen (2007), el Espacio abierto es un método para conducir reuniones o sesiones auto-organizadas con el objetivo de asegurar que se den la máxima implicación y debate posibles y que giren en torno a asuntos que sean de interés para aquellos que los presentan. Aunque inicialmente se empleó entre adultos, en los primeros años de la década de los noventa, especialmente como reacción contra esos

LA INTELIGENCIA ES SOCIAL

seminarios y congresos repletos de presentaciones tipo "clase magistral", que agotaban a los asistentes, puede emplearse igualmente en la escuela y en el instituto.

El término "espacio abierto" se refiere a que las conversaciones más productivas y el aprendizaje más estimulante tiene lugar en los huecos que se producen *entre* lo planeado; esto es, en los espacios más flexibles. En otras palabras, la gente genera conocimiento cuando se relaciona con los demás y, dado que deben ejercitar su inteligencia social para contribuir a estas sesiones, cosechan mayores beneficios. El proceso suele darse de la siguiente forma:

1. La clase se sienta en círculo, se presenta un tema de interés y tiene lugar un debate inicial para asegurarnos de que todo el mundo está cómodo con él y lo ha entendido.
2. Los individuos se ofrecen para dirigir un debate u otra actividad durante la sesión.
3. Se confecciona un horario, empleando distintos espacios del aula para las distintas iniciativas.

	Ventana	Cerca de la pizarra	Corredor
11.30-12.00			
12.00-12.30			
12.30-13.00			

4. Entonces, las distintas ideas se adecuan al espacio de tiempo del que se dispone y se transcriben en el horario.
5. Las actividades tienen lugar. Los anfitriones deben quedarse en el lugar del aula asignado y los demás pueden escoger si se quedan o se van desplazando de un lugar al otro del aula.

El "espacio abierto" es una forma de implicación libre. Tiene pocas reglas. Las reglas se expresan en forma de *cuatro principios* y una *ley*.

© narcea, s. a. de ediciones

Cuatro principios

1. Sea quien sea quien asista, es la gente adecuada.
2. Pase lo que pase, es lo único que puede pasar.
3. No importa cuándo se empiece, es el momento adecuado.
4. Cuando se termina, se termina y basta.

Si, durante el transcurso de la sesión, la persona se encuentra en una situación en la que no esté ni aprendiendo ni contribuyendo a nada, debe utilizar sus piernas para marcharse a otro lugar más productivo.

El "espacio abierto" da al individuo la responsabilidad de esforzarse en la creación de su propio "horario" y de hacerlo teniendo en consideración sus propios intereses. Cuando funciona, resulta extremadamente estimulante. Pero no es apto para pusilánimes y requiere mucha planificación. A aquellos profesores que ya estén empleando planteamientos como los de los programas de filosofía para niños, en los que se anima a los grupos de alumnos a cuestionarse los unos a los otros en un entorno fluido, el "espacio abierto" les parecerá una extensión natural de esa forma de trabajar.

Desde luego, la idea de sentarse juntos alrededor de una mesa, incluso en un aula, no es nada nueva. En la década de 1930, el filántropo Edward Harkness donó dinero a varias escuelas de Nueva Inglaterra para que crearan un tipo de clase distinta, centrada en la colaboración y en la cooperación, en la que los profesores y los alumnos se reunieran alrededor de una mesa oval para compartir información, analizar ideas, desarrollar preguntas y aprender juntos. Este tipo de mesa se conoce hoy en día como "la mesa Harkness".

Las mesas están diseñadas para que todo el mundo pueda participar y contribuir, en igualdad con el profesor, quien participa al mismo nivel (Figura 6.1). Los alumnos consideran las cuestiones desde todos los ángulos, y a través del debate, descubren que no siempre hay una respuesta correcta o incorrecta. Su propia comprensión se vuelve más profunda y sutil de modo que, gracias a la inteligencia grupal, aumenta la inteligencia de cada miembro.

© narcea, s. a. de ediciones

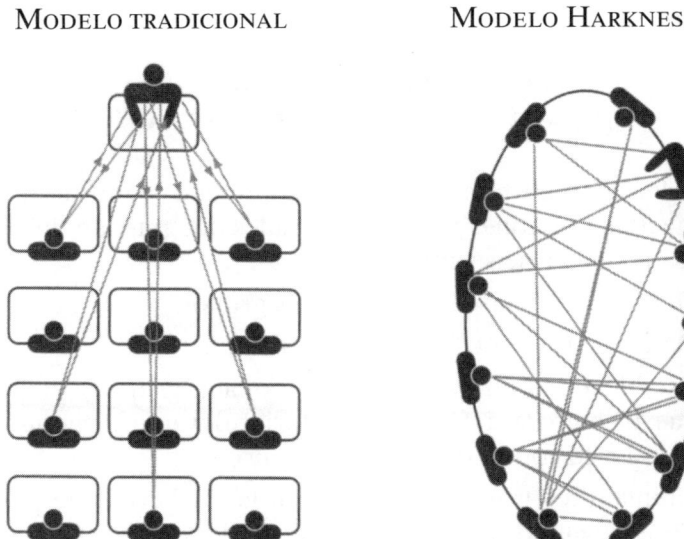

Figura 6.1. El modelo Harkness de enseñanza

Dado que la inteligencia social tiene utilidad en el mundo real, debe fomentarse su desarrollo tanto dentro de la escuela como fuera.

Tal y como lo plantea Jean Lave (1988):

> "Hay razones para sospechar que lo que nosotros denominamos 'cognición' se trata, de hecho, de un complejo fenómeno social. La cognición que se observa en la práctica cotidiana está distribuida (desplegada, no dividida) en la mente, en el cuerpo y en los entornos organizados, según la actividad o la cultura en la que se centren, y que, a su vez, incluye a otros actores".

Cuando los profesores y los directores de escuela o de instituto creen en esto (y consideramos que existen razones para creer en ello) se sienten motivados para favorecer tanto el aprendizaje social dentro y fuera de la escuela como la circulación de informaciones y la investigación cruzada entre la escuela, la comunidad y la familia.

> **Una herramienta útil:**
> **"LA TÉCNICA DEL ROMPECABEZAS"**
>
> 1. Selecciona un tema que tenga contenido y aporta información, opiniones y otros materiales que puedan dividirse en cinco o seis subtemas.
> 2. Distribuye la clase en cinco o seis grupos.
> 3. Dale a cada grupo información distinta.
> 4. Establece las tareas de aula para cada grupo y pídeles que primero entiendan el material del que disponen y después lo compartan con los demás.
> 5. Anima a los grupos a que tomen la iniciativa y le planteen preguntas a otro grupo, para ayudarles en su propio aprendizaje.
> 6. Haz un alto de vez en cuando para que los grupos hagan exposiciones.
> 7. Traduce el proyecto en una forma concreta: una exposición oral de toda la clase, un escrito o algún tipo de presentación mural.

Cuestiones para reflexionar

La inteligencia es social. A menudo surge colectivamente, mientras la gente trabaja, aprende y juega con los demás. Aun así, las escuelas tienden a infravalorarla. Quizás, simplemente, creen que es difícil de organizar, de controlar y de medir. Es probable que los jóvenes que hablan, discuten y exploran juntos generen su propio entusiasmo y regulen su propia participación, pero también es probable que "se salgan de la raya" (al menos según los parámetros que utilizamos para evaluar un examen de ortografía, por ejemplo) y puede que eso sea demasiado arriesgado o que no convenga.

LA INTELIGENCIA ES SOCIAL

Para ayudarte a pensar cómo podrías poner en práctica estas ideas en torno a la inteligencia social, puede que quieras preguntarte lo siguiente:

- ⇨ ¿Podría ser útil reproducir el experimento de Oscar Ybarra y dedicar unos diez minutos diarios a que los alumnos hablen acerca de un determinado tema de su interés?

- ⇨ ¿Podría hacer una versión de la investigación *cognition in the wild* (cognición en estado puro), creada por Edwin Hutchins, quizá centrándome en dirigir la escuela como si fuera un barco?

- ⇨ ¿Cómo podríamos ayudar a los alumnos a darse cuenta del valor que tiene el trabajo cooperativo? ¿Podríamos introducir ciertos incentivos o animar a los alumnos para que empleen la enseñanza y el aprendizaje recíprocos? ¿Cómo cuadrar esto con la realidad, teniendo en cuenta que la mayoría de sistemas educativos aún se centran en premiar los logros individuales?

- ⇨ ¿Cuál sería la mejor forma de crear un modelo de aula que sea, realmente, una comunidad de aprendizaje en la que los alumnos experimenten el sentido que tiene la creación de conocimientos nuevos? ¿Qué pasos podría empezar a dar, ya desde la semana que viene, para avanzar en esa dirección?

- ⇨ ¿Sería posible utilizar la mesa Harkness, o al menos aplicar ese planteamiento de la didáctica, sentándome en una gran mesa junto a los alumnos, en vez de situarme al frente de la clase?

- ⇨ ¿Puedo animar a mis colegas a aplicar los "grupos rompecabezas" o el "espacio abierto"? ¿Qué temas podrían funcionar mejor para estas sesiones?

- ⇨ ¿Cómo podemos ayudar a los alumnos a poner en circulación su inteligencia social de una forma más fluida y establecer un diálogo entre la escuela y su vida más allá de los muros de esta?

7. La inteligencia es Estratégica

Edward Bear está bajando las escaleras. Ahora: bum, bum, bum, oye Cristopher Robin tras su cabeza. Cristopher piensa si en la única manera de bajar, algo le dice que hay otra forma de bajar. Si se detuviera un momento a pensar en ello quizás se le ocurriría cómo hacerlo.

A. A. Milne[1] (1973)

Haz una prueba, ¿podrías colgar una vela de la pared para que no gotee sobre la mesa, sirviéndote de unas chinchetas y de una caja de cerillas? La mayoría de las personas suele tratar de fijar la vela a la pared o utilizar la cera fundida de la vela para pegarla a la pared.

En un experimento ya clásico, Karl Duncker descubrió que muy pocos de los participantes pensaron en emplear la caja de cerillas como candelabro. La explicación para esto es que nunca habían pensado que una caja de cerillas pudiera ser un candelabro, porque se habían acostumbrado a considerarla tan solo como un contenedor de cerillas.

El problema de la caja de cerillas, conocido como un problema de "fijación funcional", ilustra una vivencia que todo alumno ha experimentado. Nos acomodamos a una sola forma de hacer las cosas, de modo que cambiar el modo en que las hacemos requiere de un acto consciente. Tenemos que "parar un momento y pensar" para considerar el problema desde otro punto de vista. De hecho, cuando Duncker les dijo a los participantes en este experimento:

---

[1] Alan Alexander Milne es un escritor británico, creador del famosos personaje de cuantos infantiles Winnie the Pooh. La cita pertenece al primero de sus cuentos.

"¡Y ahora pensad!" y estos se quedaron bloqueados, aumentaron las posibilidades de que llegaran al crucial descubrimiento que se requería.

Si simplemente seguimos contemplando el mundo de la misma forma que lo hemos hecho siempre, siendo criaturas de costumbres, nos arriesgamos a reaccionar de forma estúpida ante los cambios que se producen en el mundo. Si logramos reflexionar y actuar de forma más estratégica en lo que se refiere a cómo podemos modificar nuestros planteamientos, entonces seremos, efectivamente, más inteligentes.

De hecho parece que la fijación funcional no es algo innato, sino algo que adquirimos con la edad y con la experiencia. Los niños de cinco años son más listos y más flexibles que los de siete, y están menos inclinados a sufrir la fijación funcional (German y Defeyter, 2000).

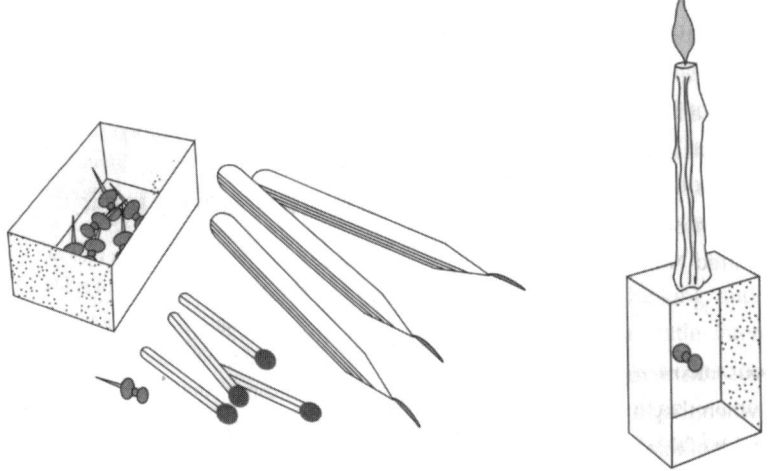

Figura 7.1. El problema de la caja de cerillas y su solución

Resulta que Edward Bear tenía razón. Si tan solo hubiera podido tomar distancia de lo que estaba haciendo, quizás se le habría ocurrido otra forma de bajar las escaleras, utilizando los lóbulos frontales de su cerebro.

En este capítulo consideraremos cómo las personas pueden volverse más inteligentes siendo más explícitas en relación a lo que hacen. Pero queremos lanzar una advertencia que tiene que ver con la palabra "seguir". Aunque a veces sea de ayuda detenerse a pensar, en otras ocasiones resultará igualmente inteligente *seguir* con lo que estamos haciendo. Ser estratégico significa saber *cuándo* reflexionar y cuándo dejarse llevar. ¿Por qué? Porque ser estratégico requiere esfuerzo y exige mucha energía, y porque a veces, la reflexión se convierte en inseguridad y se interpone en el camino de la adquisición de un dominio fluido. A veces la reflexión es realmente útil, pero no debemos dedicarle demasiado tiempo. En general, ¡cuanto más capaces seamos de reaccionar ante el mundo de forma automática, mejor! En esencia, esto es a lo que nos hemos referido antes especialmente en el capítulo 1, cuando hablábamos del cultivo de unos "hábitos mentales" más eficaces para el aprendizaje.

El filósofo Alfred North Whitehead (1911) lo expresa de una forma muy bella:

> "Existe una perogrullada profundamente errónea, que repiten multitud de discursos y personajes eminentes, y es que debemos cultivar el hábito de pensar en lo que hacemos. Pero la verdad es que debemos hacer justo lo contrario. La civilización avanza a medida que aumenta el número de operaciones importantes que podemos realizar *sin* tener que pensar en ellas. Las operaciones mentales son como la caballería en una batalla; son limitadas, requieren que los caballos estén descansados y solo deben utilizarse en momentos decisivos".

Para vivir de forma eficaz e inteligente, debemos convertirnos en adeptos no-conscientes a un gran número de actividades complejas, en vez de parar constantemente y gastar esas energías mentales que requieren el uso de nuestra "caballería", y mucho esfuerzo adicional. Pero también hay ocasiones en las que resulta de crucial importancia ser capaz de "cambiar de marcha" y utilizar la reflexión estratégica. (Más adelante, en este mismo capítulo, veremos cómo se puede aplicar este tipo de pensamiento al asunto de la transferencia de aprendizaje).

© narcea, s. a. de ediciones

Lo que vamos a analizar en este capítulo se asocia íntimamente con expresiones y palabras tales como *meta-cognición, meta-aprendizaje* y *aprender a aprender*. En la antigua visión imperante del aprendizaje se solía considerar el pensamiento deliberado y consciente como un elemento esencialmente relacionado con la habilidad cognitiva. Es más, se medía gracias a pruebas de competencias que consistían, por ejemplo, en resolver un complejo rompecabezas. Quizá el hecho de que el pensamiento, y por extensión el aprendizaje, sean, en gran medida, invisibles, explique que exista tan poco interés en lo que sucede bajo la superficie, en los procesos de aprendizaje menos conscientes. Pero desde nuestro punto de vista, la gente inteligente debe ser capaz de desarrollar gran multitud de pericias de tipo intuitivo, y de tomar el control de los procesos de su propio aprendizaje cuando sea necesario.

> **"**Para vivir de forma eficaz e inteligente, debemos convertirnos en adeptos no-conscientes a un gran número de actividades complejas, en vez de parar constantemente y gastar esas energías mentales que requieren el uso de nuestra "caballería" y mucho esfuerzo adicional. Pero también hay ocasiones en las que resulta de crucial importancia ser capaz de "cambiar de marcha" y utilizar la reflexión estratégica.**"**

Como hemos visto, desde la década de los ochenta los científicos han ido descubriendo que el aprendizaje mismo es algo que se puede aprender. Las personas pueden desarrollar técnicas y estrategias que les ayuden a convertir su aprendizaje en algo más eficaz. Algunas de estas estrategias a las que nos podemos ir acostumbrando pueden aplicarse sin pensar, pero otras deben emplearse de forma consciente y apropiada cuando nos enfrentamos a ciertos desafíos. Por suerte, y quizás esto no sea ninguna sorpresa, aprender mejor potencia nuestro rendimiento en las evaluaciones y en los exámenes.

Para entender este equilibrio, imaginemos a dos alumnos. Les llamaremos Edward Bear y Christina Robin.

Edward es un chico afable que parece no haber desarrollado plenamente su potencial. (Por supuesto, puedes cambiarle el nombre para que sea una chica). Cuando se acuerda de hacer sus deberes, suele abordar cualquiera de sus tareas sin pararse a pensar cuál sería la mejor forma de plantearla. En las clases, suele quedarse corto de tiempo y no poder completar los ejercicios. Reescribe una y otra vez sus respuestas. A menudo se queda bloqueado, incapaz de cambiar de marcha cuando ya ha empezado a hacer algo de una determinada manera. Edward es un buen futbolista, pero hace poco su entrenador le dijo que no practicaba lo suficientemente en serio y que su plaza en el equipo corría riesgo si no lograba estar más centrado y ser más metódico. No le gusta que el profesor haga comentarios sobre sus tareas o que le pida que exponga sus trabajos. En clase, Edward solo piensa en terminar los ejercicios. Edward se siente a menudo como un actor secundario de su propia obra de teatro y nunca acaba de entender lo que sucede, así que raramente es capaz de hacer nada más que actuar, siguiendo el primer impulso que le viene a la mente. Su planteamiento es increíblemente automático, y en contadas ocasiones se detiene para tomar el control de lo que hace.

Christina Robin (o Christopher, como prefieras), es un caso muy diferente. Sorprende tanto a sus padres como a sus profesores por la profundidad de su reflexión y su capacidad de buscar recursos. Le encanta hablar con sus amigos para descubrir cómo abordar sus deberes escolares y se la oye a menudo quedar con los demás para planificar su trabajo. Tanto en las clases como en la vida Christina parece tener claro qué sabe y cuándo necesita ayuda. Sus mensajes del Messenger (¡y sus Tweets!) dirigidos a sus amigos están llenos de preguntas acerca de cómo podría proceder en distintos campos de su interés; su libro de Lengua está repleto de esbozos de los comentarios de texto que el profesor les manda, con comentarios personales marginales y subrayados. Este mes Christina tiene dos objetivos: terminar su proyecto de Historia e ir al concierto de un grupo de música (formado por alumnos de once años) del que ella y sus compañeros oyeron decir que era tan bueno que ha empezado a plantearse componer una serie de canciones y montar su propio grupo. En la mente de Christina hay un flujo constante de pensamientos, como una suerte de conversación interna que es de gran ayuda. "¿Qué me están pidiendo que haga?" "¿Debería probar con este planteamiento?" "¿Cómo se me está dando esto?" "¿Tengo tiempo suficiente para esto?" "Quizás debe-

© narcea, s. a. de ediciones

ría probar con otro método" o "Creo que será mejor que lo deje y pruebe otra cosa" y así sucesivamente.

En resumen, Christina es capaz de regular el ritmo y los métodos de su aprendizaje, mientras que Edward no. Christina es cada vez más reflexiva y su inteligencia estratégica está en constante desarrollo.

Comprender la inteligencia estratégica

Las escuelas no suelen confíar en las ideas que aborda este capítulo. Durante muchos años se han centrado en exceso en los resultados y en los efectos, en vez de en comprender los *procesos* que se dan en la mente de los alumnos. Hasta ahora, cuando se han empezado a poner en juego planteamientos más estratégicos del aprendizaje, siempre se ha tendido a incorporarlos de forma superficial, haciendo énfasis en los aspectos que tienen que ver con la auto-regulación, tales como las competencias para el estudio o elementos más fáciles de comunicar como la revisión de la planificación o de la gestión del tiempo lectivo.

En este capítulo tocamos algunos de los procesos clave que tienen lugar en nuestra mente y que descubrimos a medida que vamos sabiendo más del aprendizaje. En pro de una escolarización eficaz debemos sin duda ponernos como meta el cultivo de un alumnado que se responsabilice de manejar el timón de su propio aprendizaje y que sea capaz de actuar como su propio "capitán".

Al trazar la historia de la inteligencia estratégica, puede ser de ayuda echarle un vistazo más atento a estos cuatro conceptos: metacognición, auto-regulación, reflexión y transferencia.

Metacognición

La *metacognición* (para algunos un término demasiado rimbombante) es, en esencia, pensar en el pensamiento, de la misma forma que el meta-aprendizaje es pensar en el aprendizaje. Las competencias metacognitivas son aquellas competencias de primer orden que aseguran que los alumnos tengan la habilidad de detenerse para tomar el control de su propio aprendizaje en vez de, como en el caso de Edward Bear, tener que estar siempre con el "piloto automático".

El psicólogo del desarrollo John Flavell (1979) identificó tres elementos de la metacognición, que transcribimos a continuación, acompañándolos de ejemplos extraidos de la actualidad:

> "Los alumnos deben ser capaces de erguirse sobre el puente de mando de sus mentes, así como hacer uso de la sala de máquinas neuronal de su aprendizaje, mientras navegan su propio camino por las aguas del aprendizaje."

1. *Conocerse a uno mismo* (por ejemplo, saber que te concentras más si apagas el iPod).
2. *Conocer la tarea* (por ejemplo, saber que trabajar en grupo implica asegurarse conscientemente de que todo el mundo está totalmente implicado).
3. *Conocer las estrategias* (por ejemplo, saber cuándo resulta inteligente seguir y cuándo es mejor irse a dormir y "consultarlo con la almohada").

Robert Sternberg (1986), un experto en inteligencia y creador del concepto de la *inteligencia exitosa*, ha desarrollado una teoría que establece vínculos explícitos entre la inteligencia y la metacognición. Tal y como él lo plantea, la metacognición es el proceso ejecutivo que la gente emplea para "imaginarse cómo hacer una determinada tarea o un conjunto de tareas y entonces asegurarse de que dicha tarea o dicho conjunto de tareas se ha hecho correctamente". Aprender a pensar en el aprendizaje no solo contribuye a que los alumnos aprendan de una forma más eficaz, sino que también mejora sus notas en los exámenes, como ha demostrado Chris Watkins (2002).

Auto-regulación

En el centro de la metacognición hallamos el segundo de los términos que queremos analizar, el de *auto-regulación*. Para dicho término resulta útil el trabajo de Dale Schunk y Barry Zimmerman (1994). Zimmerman (1989) explica la idea como sigue:

"Se puede describir a los alumnos como auto-regulados teniendo en cuenta hasta qué punto son meta-cognitivos, están motivados y tienen un comportamiento activo en su propio proceso de aprendizaje. Dichos alumnos inician y dirigen personalmente sus propios esfuerzos para adquirir conocimientos y competencias en vez de depender de los profesores, los padres u otros agentes educativos".

Paul Pintrich y sus colaboradores (2000) han sugerido un modelo útil de cómo tendría lugar la auto-regulación en la práctica. Pintrich sugiere que existen cuatro fases del aprendizaje auto-regulado, que implican: el pensamiento, los sentimientos, la alteración del comportamiento y la decodificación de cualquier pista que el contexto en el que tiene lugar el aprendizaje pueda brindar. Estas son las cuatro fases que identifica:

1. *Reflexión, planificación y activación.* Por ejemplo: fijarse una meta, orientarse hacia ella, activar los conocimientos pre-existentes en torno al tema.
2. *Supervisión.* Por ejemplo: consciencia y auto-observación.
3. *Control.* Por ejemplo: seleccionar las estrategias adecuadas.
4. *Reacción y reflexión.* Por ejemplo: en relación a la naturaleza de la tarea y a su contexto.

En una investigación que establece un paralelismo entre el trabajo de Carol Dweck en torno al papel de las creencias sobre nosotros mismos y la inteligencia en expansión (véase el Capítulo 1), Krista Muis (2007) ha sugerido que, como señalan las cuatro fases identificadas por Pintrich, las *creencias epistémicas* (lo que creen los individuos acerca de la naturaleza del conocimiento y del acto de conocer) juegan un papel clave en la auto-regulación. De la misma forma que Dweck ha demostrado que el hecho de que creas que la inteligencia se puede expandir o no lo creas realmente tiene una importancia enorme, Muis sugiere que lo que creas acerca del conocimiento requerido por un determina-

> **"Los alumnos que se auto-regulan se van convirtiendo, progresivamente, en sus propios profesores o, como llegaremos a sugerir más tarde, son capaces de evocar en su mente a un verdadero *coach* mientras aprenden."**

do tema influirá en el alcance de tu auto-regulación. En matemáticas, por ejemplo, en las que los teoremas y las pruebas son el elemento clave de la epistemología del tema, aquellos alumnos cuyas propias creencias epistémicas sean tan "racionales" como dicha epistemología, tenderán a utilizar unas estrategias de auto-regulación más eficaces. Claro que se corre el riesgo de asociar el planteamiento respecto al conocimiento que tenga cada cual con cualquier tema para no vernos obligados a esforzarnos (¡de hecho, los más importantes matemáticos, suelen combinar un elevado nivel de empirismo con la intuición en sus planteamientos!), pero aun así, resulta interesante poner de relieve el poder que juega lo que creemos sobre nosotros mismos en la definición de nuestra inteligencia.

Reflexión

Una de las autoridades más citadas en el campo general que denominamos como Inteligencia estratégica es Donald Schön. La teoría de Schön (1983) de la *reflexión en acción* ha influido ampliamente en el diseño de las prácticas didácticas para los estudiantes de ciencias de la educación, y suele emplearse en la formación de otros profesionales, como enfermeros y cuidadores. La reflexión en acción es, en esencia, pensar con los pies puestos en la tierra. Por ejemplo, cuando sucede algo inesperado puedes expresar sorpresa, pero puede que entonces debas volver atrás para revisar lo que ha sucedido antes de proseguir. O quizás puedas analizar deliberadamente y durante unos instantes tu perplejidad para hallar algunas claves que te den pistas sobre qué hacer a continuación.

Schön compara la *reflexión en acción* con la *reflexión sobre la acción*, que es, en esencia, la función de revisión subyacente en el aprendizaje (por ejemplo, meditar por qué hiciste determinada cosa después de lo sucedido e imaginar "una forma mejor de manejar la situación la próxima vez que se dé"). Tanto en el aula como en otros contextos del mundo real, los sujetos que aprenden pueden darle un empujón a su inteligencia estratégica "mejorando su reflexión en acción".

© narcea, s. a. de ediciones

Transferencia

Buena parte de los más importantes avances en materia de inteligencia estratégica provienen del trabajo de David Perkins (1995). Su trabajo es particularmente útil en dos áreas cruciales: definir qué es, de hecho, la inteligencia estratégica (o reflexiva) y tratar de entender los *mecanismos de transferencia*; esto es, de qué modo accedemos, en un entorno distinto, a los contenidos aprendidos en otra área.

Creemos que la transferencia es un aspecto muy importante de la inteligencia estratégica. A la gente inteligente se le da bien ampliar su repertorio de conocimientos y competencias, y de ese modo pueden afrontar nuevas situaciones con más éxito. Pero también deben ser capaces de acceder a los datos del conocimiento y de la experiencia que sean más adecuados para enfrentarse a nuevas situaciones. No tiene sentido estar bien informado si lo que sabes no te viene a la cabeza en el momento apropiado; y es aquí donde entra en juego la transferencia.

La inteligencia reflexiva

Perkins describe la inteligencia estratégica en términos bastante similares a los de Flavell y Sternberg. La considera como "un repertorio de creencias y estrategias en torno al pensamiento y al aprendizaje". Perkins afirma que, básicamente, existen tres tipos de inteligencia. A la primera la denomina *inteligencia neuronal*, que es, en esencia, el "envoltorio innato de las capacidades" (a veces se la conoce como "g" o como "inteligencia general").

A la segunda la denomina *inteligencia experiencial*, que es el vasto *corpus* de conocimientos y competencias que las personas adquieren en los distintos contextos en los que han crecido. Lo experiencial incluye los experimentos de ciencias o aprender a tocar un instrumento con un grupo musical de amigos.

Mientras la inteligencia *neuronal* hace más hincapié en el lado "natural", la inteligencia *experiencial* se concentra en el aspecto "de la crianza y la educación".

Dice Perkins que casi siempre nos las arreglamos utilizando o nuestra inteligencia *neuronal* o la *experiencial*, pero de vez en cuando debemos echar mano de un tipo diferente de inteligencia (que implica detenernos para pensar), y a esa inteligencia la llama *inteligencia reflexiva*. Esta inteligencia abarca todas las tácticas y estrategias que las personas utilizan para sacar el mayor partido posible de su inteligencia neuronal y experiencial.

La inteligencia reflexiva se acerca bastante a nuestra idea de la inteligencia estratégica: la "caballería cognitiva" de la anterior cita de Whitehead. Perkins dice que la inteligencia reflexiva es especialmente importante en "aquellas situaciones que requieren que rompamos con *modus operandi* asentados, que derroquemos ciertas viejas conjeturas y que nos adentremos en nuevos modelos". Detenernos y concentrarnos en tener un mayor control mental es exactamente lo que hacen las personas con una inteligencia estratégica cuando le dan vueltas y vueltas a aquellas tareas que son intelectualmente muy exigentes o emocionalmente complejas.

Este aspecto de nuestra inteligencia es, en gran medida, una función consciente. Debemos invocarla en momentos clave. Puedes imaginártela como a un "*coach* interior". Es como si tuvieras en tu interior una voz que toma la palabra en el momento adecuado, recordándote una manera diferente o mejor de hacer o de pensar; pero que no llegas a interiorizar plenamente. Decimos que este *coach* es benévolo, pero también puede ser crítico y desautorizarnos. Esta es una de las tareas más importantes que los *coaches* reales de nuestra vida (los padres, los profesores y los entrenadores) cumplen: la de instalar en la mente de los jóvenes al mejor *coach* posible. Nuestro *coach* interior se activa, por ejemplo, cuando algo nos produce ansiedad y nos recuerda otras situaciones semejantes de las que salimos airosos. Incluso aunque hayamos invertido mucha energía mental en hacer algo (la creación de una obra de teatro, por ejemplo) nuestro amigable *coach* a veces nos pide que repasemos nuestras decisiones, quizás haciendo que nos preguntemos si deberíamos utilizar diálogo o bien utilizar la mímica o la improvisación. Nuestro poderoso *coach* interno es capaz de mantener la distancia adecuada mientras aprendemos y supervisar si:

- Hemos adoptado un determinado método con excesiva rapidez.

© narcea, s. a. de ediciones

- Hemos utilizado todos los recursos de los que disponemos.
- El método que hemos escogido limita nuestras opciones.

Ser capaz de observarnos mientras aprendemos de una forma auto-consciente hace que seamos capaces de emplear nuestros recursos para el aprendizaje de un modo más estratégico. Por otro lado, está íntimamente vinculado con nuestra capacidad para transferir lo que hemos aprendido de un contexto a otro.

Los descubrimientos de David Perkins son de gran ayuda en este asunto. Él y Gavriel Salomon (1989) distinguen entre dos tipos de transferencia; a una la llaman "el camino más corto" y a la otra "el camino más largo". La *transferencia por el camino más corto* se da cuando un nuevo contexto nos recuerda una experiencia anterior. Un buen ejemplo de esto sería la primera vez que utilizamos un nuevo teléfono móvil. Aunque no sea idéntico al anterior, transferimos con facilidad el conocimiento que adquirimos con los teléfonos anteriores y nos acostumbramos rápidamente al nuevo. Un ejemplo parecido sería conducir un coche nuevo o lo que siente un conductor de coche cuando utiliza una camioneta aunque sea de las pequeñas. La situación presenta suficientes pistas y correspondencias como para que actuemos de la forma adecuada. La "decodificación" que realizamos del nuevo contexto, en esencia, es una reacción refleja y, en gran medida, no-consciente (aunque puede que necesites parar durante un instante y supervisar tus reacciones intuitivas).

La *transferencia por el camino más largo* es diferente. Tiene lugar cuando tratas, de una forma más consciente, de desempolvar cosas que habías aprendido en contextos que difieren bastante del contexto ante el que te hallas ahora. Quizás de niño te enseñaron a contar hasta diez cuando te hacías daño (para que no gritaras a la primera de cambio). Años después, te encuentras en una reunión de trabajo y, furioso por la molesta antipatía de un colega, sientes que estás a punto de contestarle de una forma maleducada, pero tu *coach* interno te urge para que hagas eso que no habías hecho desde que eras un niño. Tras pensarlo un instante, empiezas a contar mentalmente hasta diez y, después, descubres que tu rabia ha disminuido lo suficiente como para poder concentrarte en el tema que se está discutiendo e ignorar a tu irritante colega. Tu *coach* interior te ha dado la *claridad mental* capaz de evitar que crearas una situación embarazosa. Esto es también lo que hacen los amigos. A veces este tipo de advertencias provienen del exterior, pero es muy útil que nuestra mente incorpore esa capacidad y hacerlo sin tener que contar con un tercero.

La transferencia por el camino más largo requiere que empleemos nuestra inteligencia estratégica y que extraigamos la esencia del aprendizaje (el "jugo" del aprendizaje) de una situación anterior para poder aplicarla. La transferencia por el camino más largo implica dos competencias del aprendizaje estratégico que son esenciales: la reflexión y la abstracción. En el caso anterior, el *coach* interior ha reflexionado y ha llegado a la conclusión de que hacer un alto contribuye a que las emociones se diluyan y ha abstraído ese aprendizaje extrayendo la regla —que es como un truco— de "contar hasta diez".

La distinción entre el camino corto y el camino largo es más que teórica y tiene una influencia directa en el modo en que enseñamos dentro y más allá de las paredes del aula. Quienes aprenden de forma eficaz utilizan el método del camino corto. Aprenden a utilizarlo gracias a distintas prácticas en el contexto original, de forma que reconocen ciertos patrones y reaccionan adecuadamente sin tener que pensar en ello. La más difícil de las dos —la transferencia del camino largo— es una especie de caballería. Tiene un alto coste mental e implican dejarnos llevar por algo, y dichas interrupciones mentales pueden llegar a distraernos. La transferencia del camino largo está en el centro de la inteligencia estratégica. En términos prácticos, suele adoptar la forma de trucos, hábitos del pensamiento, instrucciones, buenas intenciones, procesos de planificación, heurísticas y cosas por el estilo.

Para favorecer que se dé la transferencia del camino largo debemos hacer lo siguiente:

- Practicar en tantos contextos distintos como sea posible (como con la transferencia del camino corto, solo que en esta es aún más importante hacerlo).

© narcea, s. a. de ediciones

- Enseñar a los alumnos cómo pueden transferir lo que están aprendiendo siempre que tengan la oportunidad de hacerlo.
- Cultivar en los alumnos la disposición a buscar vinculaciones en su aprendizaje, ayudándoles a observar las similitudes y las diferencias.

Creemos que las escuelas hasta el momento no han comprendido los sofisticados procesos que están implicados, a la hora de enseñar a los alumnos a transferir mejor sus conocimientos. Perkins (2009) tiene una graciosa metáfora para describir las ideas que circulan en torno a la transferencia. Al primer planteamiento le llama la Teoría de Bo Peep[2]. Como las ovejas que protagonizan esta nana (que encuentran el camino de vuelta a casa pero se dejan sus colitas en el prado), la primera falacia consiste en que la transferencia se da (o debería darse) automáticamente, como por ósmosis. Por desgracia, la investigación sugiere que no es así como sucede. El planteamiento Bo Peep equivale a hacer castillos en el aire.

Al segundo planteamiento lo llama la Teoría de la oveja perdida. En ella, los profesores, desesperados por enseñar la transferencia a los alumnos y queriendo concentrarse, sencillamente, en lo que sucede en su aula, asumen que buena parte de lo que los alumnos aprenden se perderá por el camino. La Teoría de la oveja perdida fomenta que se rindan en lo que a la transferencia se refiere. Nosotros, como Perkins, os urgimos a adoptar un tercer planteamiento: que os convirtáis en "buenos pastores", alimentando de una forma más estratégica una serie de planteamientos inteligentes, empleando los distintos métodos que hemos ido describiendo con anterioridad.

Para empezar a trabajar la inteligencia estratégica

En la década de los ochenta, las escuelas, por primera vez, empezaron a trabajar en algunos de los asuntos que hemos expuesto

---

[2] Conocida nana anglosajona que habla de una pastora, Boo Beep, que pierde a su rebaño. Las ovejas encuentran el camino a casa, pero se dejan la cola en el prado y Boo Beep tiene que ir a recuperarlas. [N. de la trad.].

© narcea, s. a. de ediciones

en este capítulo, enseñando parte de lo que se ha conocido como *competencias para el estudio*. Más tarde, en la década de los noventa y a menudo bajo la bandera de las *competencias para el pensamiento*, las escuelas empezaron a enseñar, directamente, técnicas útiles de resolución de problemas, enseñando a los alumnos a concretar ideas abstractas representándolas mediante un dibujo, repitiéndolas en voz alta y cosas por el estilo.

El movimiento de la "Filosofía para niños"[3] ha tenido un papel en el desarrollo de unos planteamientos más sofisticados del pensamiento, del planteamiento de preguntas y del diálogo, y a menudo ha animado a los niños a pensar sobre grandes cuestiones que les ayudan a responsabilizarse de su propio aprendizaje.

Por otro lado está también la "Evaluación para el aprendizaje" (en inglés conocida como: *Assessment for Learning*), un planteamiento de la evaluación formativa que nació en Inglaterra y que se ha difundido por todo el mundo. Un ejemplo sería animar a los alumnos a levantar la mano cada vez que necesiten ayuda en vez de cuando quieren responder a algo (induciendo así la auto-regulación y la resiliencia). Las escuelas, a veces inspiradas por el trabajo de la *Campaign for Learning* (Campaña para el aprendizaje), han introducido cursillos y talleres dedicados a "aprender a aprender". Dichas iniciativas suelen contener herramientas y procesos útiles, pero las evaluaciones muestran que cuando los procesos de aprendizaje se tratan de forma aislada, no se ven reforzados por su integración en las "clases normales" y si no son adoptados por todo el conjunto del profesorado de forma cotidiana no suponen un avance tan significativo. Para ser más eficaz, el aprender a aprender debería enseñarse como una parte integrada de las asignaturas que conforman el currículo y la cultura escolares.

La forma en que los profesores se plantean la enseñanza (los roles que adoptan) parece ser tan importante como una planificación más deliberada del desarrollo de la inteligencia estratégica en su alumnado. David Leat y Mei Lin (2003), de la Universidad de

---

[3] "Philosophy for children" se ha convertido en un movimiento internacional inspirado, en gran medida, por la obra de Matthew Lipman y Gary Matthews. Una sencilla búsqueda por Internet puede ofrecer un sinfín de páginas web vinculadas con dicho movimiento.

© narcea, s. a. de ediciones

Newcastle, basándose en entrevistas muy extensas con alumnos, identificaron diez roles que los profesores adoptan que parecen ser de ayuda. Hemos escogido los tres roles que parecen ser más relevantes, y hemos incluido los comentarios de los alumnos en relación a cada uno de ellos.

- *Cotejar ideas.* Los profesores fomentan entre los alumnos la sensación de que en lo que se refiere a su aprendizaje, pueden elegir la forma de proceder. Uno de los alumnos comentó: "La profesora nos solía pedir que observáramos el trabajo de los demás, para comprender mejor el tema y ver sobre qué aspecto se centraban".
- *Hacer que los alumnos se expliquen.* "En vez de, sencillamente, dejar que llenemos el folio, la profesora nos preguntó por qué habíamos escrito eso y por qué pensábamos que se trataba de una buena idea. En vez de limitarnos a escribir y darle la respuesta correcta, debemos tener una razón que justifique por qué creemos que *esa* es la respuesta correcta".
- *Establecer vínculos.* Los profesores sugieren analogías y contextos en los que los alumnos sean capaces de aplicar su propio aprendizaje.

Para profundizar: ejemplos de experiencias educativas

Fruto de la investigación y de la experimentación se han desarrollado ciertas herramientas que se inscriben en un planteamiento denominado como *Visible Thinking* (Pensamiento visible), que forma parte del *Project Zero* de Harvard. Estas rutinas favorecen exactamente lo que su nombre dice: hacer visibles los procesos de pensamiento y de aprendizaje (¡y también audibles!). Los alumnos utilizan y practican dichas rutinas en contextos distintos y empiezan a interiorizar maneras eficaces de darle forma a su aprendizaje.

Guy Claxton ha desarrollado un planteamiento para ayudar a los alumnos a ampliar su capacidad de aprendizaje, denominado

Building Learning Power (BLP), que mencionamos ya con anterioridad. Una de las herramientas que emplea es una serie de cuestionarios para favorecer que los alumnos, de forma regular, reflexionen sobre el desarrollo de sus propios hábitos y actitudes frente al aprendizaje. Se puede acceder al programa por internet (de forma que los alumnos pueden realizar los cuestionarios en casa) y brinda devoluciones al alumno, dando forma al mismo tipo de procesos de pensamiento reflexivo que el *coach* interior utiliza.

Con la herramienta del *Tracking Learning Online*, los alumnos responden ante afirmaciones como las que siguen con las siguientes expresiones: "Rara vez", "A veces", "A menudo" o "Siempre".

1. Me ciño a los contenidos aunque sean difíciles.
2. Me ayuda a comprender el ponerme en el lugar del otro.
3. Planifico cuidadosamente mi aprendizaje.
4. Cambio de táctica cuando mi aprendizaje lo requiere.
5. Aprendo bien en el trabajo en grupo.
6. Trato de relacionar las ideas nuevas con lo que ya sé.
7. Me gusta pensar cuidadosa y metódicamente.
8. Pienso en cómo aprendo.
9. Puedo ceñirme a mis opiniones y posturas en los debates.
10. Utilizo mi imaginación para sopesar otras posibilidades.

Sus respuestas pueden sentar las bases de debates en el aula entre los alumnos mismos, o entre el alumno y el profesor, como parte de la revisión periódica del desarrollo de su aprendizaje. Tales conversaciones parecen ser de gran ayuda a la hora de animar a los alumnos a hablar con mayor precisión de su propio aprendizaje. Son una forma práctica de fomentar una evaluación formativa que los alumnos pueden emplear para influir en la elección de sus propias estrategias.

Por ejemplo, si el cuestionario revela que los alumnos rara vez tratan de establecer relaciones (en otras palabras, no son muy buenos poniendo en práctica la transferencia de vía rápida), los profesores pueden generar oportunidades para que practiquen, y motivarlos para hacerlo. A medida que los profesores y los alumnos van ganando confianza a la hora de emplear este tipo de registros de su propio aprendizaje, el siguiente paso podría ser ampliar el cuestionario añadiendo sus propias afirmaciones.

Sospechamos que una de las razones que explican que muchos de los planteamientos de la "metacognición" y del "aprender a aprender" hayan tenido unos resultados poco satisfactorios es porque no orientan el proceso debidamente y con la suficiente claridad, y no brindan a los alumnos un lenguaje demasiado rico —como sucede en el caso de las preguntas del cuestionario— con el que pensar en sus propios hábitos de aprendizaje y estrategias.

Una herramienta útil:
"EL PENSAMIENTO VISIBLE"

VINCULO-AMPLIACIÓN-DESAFÍO

1. ¿Cómo se **vinculan** las ideas y la información con lo que ya sabes?
2. ¿Qué nuevas ideas te han llevado a **ampliar** tu forma de pensar en nuevas posibilidades?
3. ¿Aún hay algo que sea confuso o que suponga un **desafío** para ti? ¿Qué cuestiones te planteas o qué cosas te resultan desconcertantes ahora?

Cuestiones para reflexionar

El desarrollo de una inteligencia estratégica es una tarea compleja y muy importante. Pero también puede socavarse si los profesores, aún *abogando* por los planteamientos que hemos descrito, siguen abrazando unos planteamientos más convencionales tipo "clase magistral" cuando se enfrentan a las dificultades.

Para animar a los alumnos a que desarrollen su inteligencia estratégica es de ayuda brindarles herramientas y planteamientos (lo que Vygotsky denomina *andamiaje*) que el profesor pueda ir retirando de forma gradual, a medida que los alumnos se vayan sintiendo cada vez más confiados y sean cada vez más autónomos.

Para ayudarte a que reflexiones sobre cómo podrías poner en práctica todas estas ideas que giran en torno a la inteligencia estratégica, quizás quieras plantearte las siguientes cuestiones:

⇨ ¿Cómo podría generar momentos de reflexión, "para no tropezarme constantemente por las escaleras", como Edward Bear? ¿Cómo podría compartirlo tanto con los alumnos como con el resto de colegas?

⇨ ¿Qué pensamientos y qué rutinas de aprendizaje utilizo ya de forma consciente? ¿Cuáles creo que son de más ayuda? ¿Podría recogerlas por escrito y reflexionar sobre ellas?

⇨ ¿Cómo podría ayudar a mis alumnos a aprender de una forma más estratégica? ¿Cómo podría ayudarles a descubrir cuándo resulta más inteligente seguir inmersos en lo que están haciendo y cuándo es mejor detenerse y reflexionar sobre ello? ¿Podría diseñar actividades que les puedan ayudar a practicar?

⇨ ¿Cómo podría desarrollar la idea del "*coach* interior" para que los alumnos empiecen a implementar este tipo de diálogo interno positivo? ¿Qué consecuencias tendría en la forma que tengo de evaluarles (especialmente en aras a que sean capaces de auto-evaluarse)?

⇨ ¿Sería una buena idea animarles, cuando trabajan en grupo, a hacer turnos para ejercer el rol de "observador" (alguien que observa cómo trabaja el grupo y que va comentando lo que ve)?

⇨ ¿Cómo podría orientar mi didáctica hacia la transferencia de una forma activa? ¿Cómo podría generar más oportunidades para que los alumnos puedan practicar su aprendizaje en distintos contextos? ¿Podría mezclar más las actividades, para que tengan que preguntarse qué competencias deben poner en juego, en vez de dar por sentado que se tratara de aquellas a las que se acaba de aludir en clase?

© narcea, s. a. de ediciones

⇨ ¿Podría hacer que los alumnos pensasen en una serie de afirmaciones sobre el aprendizaje como las del cuestionario de *Tracking Learning Online* y entonces utilizarlas para supervisar sus propios progresos? ¿Qué ayuda tendría que brindarles para realizar esa actividad? ¿Qué alumnos de mi clase articulan mejor su aprendizaje y cómo podrían ayudar a los demás a hacer lo mismo?

8. La inteligencia es Ética

> *Gozar de una educación organizada en torno a talentos e intereses generales, ampliados y conformados a través de una indagación de los problemas humanos que compartimos, supone la mejor oportunidad para alcanzar una equidad llena de sentido.*
>
> NEL NODDINGS (1987)

En un famoso experimento (Bandura, Ross y Ross, 1963), se les dio a tres grupos de jóvenes la oportunidad de jugar con un juguete llamado el *Bobo doll* (un gran muñeco hinchable) en una sala en la que había también otros juguetes. Cada uno de los niños de los tres grupos que entró en la sala tuvo experiencias muy distintas. En uno de los grupos estaba presente un adulto que insultó y atacó al muñeco con un mazo. En otro, el adulto se comportó de forma pasiva. El tercero era un grupo de control, en el que no estaba presente ningún adulto. En la primera fase no se les permitía a los niños jugar. Entonces, se les trasladó a otra sala con una selección similar de juguetes y otro *Bobo doll*. Los niños que habían sido testigos de la agresividad del adulto se comportaron también de forma más agresiva cuando se les dejó jugar con el muñeco. Quizás no sea una sorpresa constatar que la agresión genera más agresión. Aprendemos nuestro comportamiento mediante la observación de los demás. Y los niños imitan con gran facilidad el comportamiento de los adultos de confianza que les rodean.

A continuación nos detendremos un instante para tomar en consideración la experiencia de unos alumnos mucho mayores. En otra investigación (Darley y Batson, 1973), los estudiantes de Teología de la Universidad de Princeton fueron invitados a formar parte de un estudio que evaluaba su habilidad a la hora de pensar rápidamente. Se dividió a los estudiantes en dos grupos. Al primer grupo se le dijo que tenía que dirigirse a otro edificio y dar una charla ante otros estudiantes acerca de las oportunidades de empleo que tenían los titulados en Teología, mientras que al segundo grupo se le dijo que su tarea consistía en dar una charla sobre la parábola del Buen Samaritano. En otra vuelta de tuerca se introdujo otra variable. A los estudiantes del primer grupo se les dijo que llegaban tarde y que debían darse prisa, a los del segundo se les dijo que tenían el tiempo suficiente para llegar y a los del tercero que contaban con unos minutos de más.

Mientras los sujetos caminaban hacia el edificio, pasaron junto a un hombre que se había desplomado en el suelo, que tosía y que gemía y que parecía necesitar ayuda. Los resultados fueron asombrosos. Los que se dirigían a analizar la parábola del buen samaritano no se detuvieron ni ayudaron a ese pobre hombre (un actor, en realidad) más de lo que lo hicieron los que iban a hablar sobre las posibilidades de encontrar empleo. El "Experimento del buen samaritano" (que es como se conoce) puede interpretarse de muchas formas. Quizás el mensaje más potente que transmite es que aprender sobre las buenas obras no modifica, *necesariamente,* nuestro comportamiento. Creer en algo no significa que, *necesariamente,* lo pondrás en práctica; la presión de la falta de tiempo puede ser tal como para hacer que lo que sabemos y nuestras buenas intenciones pasen a un segundo plano.

Comprender la inteligencia ética

En este capítulo tomaremos en consideración la última de nuestras "nuevas inteligencias": la dimensión ética de la inteligencia. Sostenemos que la verdadera inteligencia no es moralmente neutral. Puede que Hitler fuera astuto, incluso listo, pero no era inteligente en el amplio sentido en el que deberíamos emplear esa palabra. Teniendo en cuenta lo mencionado en un capítulo anterior, esto es, que la inteligencia es un fenómeno social, podemos decir que también tiene que ver con nuestros objetivos y con nuestras intenciones.

La inteligencia es lo que hace que seamos capaces de cubrir nuestras necesidades y alcanzar nuestros deseos, así como evitar lo que es dañino y perjudicial. ¿Pero qué pasa si nos sentimos confusos acerca de lo que queremos y lo que no queremos? ¿Qué pasa cuando pensamos que ciertos éxitos nos harán más felices de lo que en realidad nos harán, o que ciertas desgracias no son tan malas como tememos que sean? En ese caso, nuestra inteligencia estará mal orientada. O bien, ¿qué pasa si subestimamos el efecto que tiene en nosotros el actuar de forma egoísta o cruel con los demás? En ese caso, el esfuerzo de nuestra inteligencia nos conducirá a dañarnos tanto a nosotros mismos como a nuestra necesaria y vital "red social de reciprocidad" (como la llamó Jerome Bruner, 1966), de la que dependemos. Y eso no sería nada inteligente. ¡No queremos quedarnos solos, y sin nadie con quien bailar en la danza de la vida!

> "La capacidad de actuar de forma que ayudemos a los demás (siendo considerados y compasivos) bien puede ser un aspecto de la inteligencia."

Creemos que la capacidad de actuar de forma que ayudemos a los demás (siendo considerados y compasivos) bien puede ser un aspecto de la inteligencia. Si queremos cultivar las saludables pasiones necesarias que conduzcan a ello, entonces debemos ser capaces de distinguir entre aquellas necesidades que son verdaderas y profundas (como hizo el buen samaritano de la parábola) y las más egoístas o egocéntricas (el miedo a llegar tarde, por ejemplo). Para lograrlo, necesitamos que nuestra inteligencia se oriente teniendo en cuenta tanto nuestra realización como una sensibilidad hacia las cuestiones morales, haciendo que nuestra vida se base en un equilibrio entre esos dos aspectos.

En este capítulo compararemos la "buena inteligencia" con ciertos comportamientos más tóxicos o más erróneos. Atenderemos a la manera que tiene nuestra mente de desarrollar un sentido del propósito moral y a los dilemas a los que se enfrenta la escuela cuando trata de enfrentarse a esa importante, pero especialmente compleja, dimensión ética. Y analizaremos algunas formas que podría adoptar la escuela de cultivar el tipo de disposiciones que, probablemente, sean la base de un comportamiento éticamente inteligente.

Algunas evidencias sugieren que, en estos tiempos, la realidad de la mayoría de los jóvenes es bastante cruda (Barnes, 2006). Los estudios revelan que muchos niños y jóvenes, pese a gozar de comodidades materiales, son infelices, obesos, propensos al alcohol y a los excesos, tienden a ser auto-destructivos y temerarios, a estar deprimidos, aislados frente al televisor o frente al ordenador, ser incapaces de "jugar" adecuadamente y son vistos por los adultos como "delincuentes en potencia". Un gran estudio realizado en el Reino Unido, (Layard y Lunn, 2009) señala algunas de estas tendencias: la creciente abundancia material (caracterizada por la posesión de teléfonos móviles y cosas por el estilo) va acompañada de un nivel de ansiedad también creciente; una educación y una salud de mayor calidad coexisten con un consumismo compulsivo; y una mayor tolerancia frente a la diversidad y unos fuertes intereses en los asuntos medioambientales, por ejemplo, conviven con un individualismo excesivo. Pero, por supuesto, el paisaje no es tan negro. La misma investigación registra que el 87% de los niños afirman que son felices, y los autores de dicho estudio se reafirman constantemente en la creencia, muy arraigada, de que el poder positivo de los jóvenes es una influencia benefactora. Otros estudios (UNICEF, 2007) muestran los múltiples atributos positivos de los jóvenes y confirman esta imagen tan compleja del bienestar de los niños, incluso en los países desarrollados.

La idea de una psicología moral

Después de que el presidente de Estados Unidos, Barack Obama, hubiese cumplido cien días en el cargo, diversos expertos señalaban que el tono moral del líder de la mayor potencia mundial estaba cambiando. El profesor de psicología de la Universidad de Virginia, Jonathan Haidt (2009), recogió y resumió el resultado de varios estudios para convertirlo en un listado de importantes consejos dirigidos a Obama, que guardan mucha relación con algunas de las ideas que irán apareciendo a lo largo de este capítulo.

© narcea, s. a. de ediciones

En primer lugar, Haidt identifica cinco valores morales o preocupaciones importantes que, en sus palabras, están arraigadas en todas las sociedades humanas. Estas son:

1. Una aversión hacia el daño y una protección frente al mismo.
2. La justicia.
3. La lealtad al grupo.
4. El respeto por la autoridad.
5. El no profanar la *pureza espiritual* de las personas.

Haidt afirma que las primeras dos preocupaciones, que atañen al daño (por ejemplo, nuestra comprensión de conceptos como el de simpatía, cuidado o bienestar) y a la equidad (incluyendo el odio a la injusticia), han sido objeto de muchas investigaciones y han sido muy debatidas. Se trata de valores que todos abrazamos. Pero las otras tres tienen un peso más político. Ciertos grupos sociales las valoran más que otros. Haidt señala que algunos de los conflictos presentes en las sociedades reflejan esas preocupaciones a la hora de priorizar. En términos generales, los más conservadores hacen más hincapié en las tres últimas, incluso cuando puede que infrinjan, en cierto modo, las dos primeras, mientras que quienes se consideran más liberales, tienden a oponerse a ese tipo de vulneración. Para estos últimos, la protección de los más débiles y un profundo sentido de la equidad triunfan por encima de la deferencia hacia la autoridad o el patriotismo, por ejemplo. No se trata de que unos u otros sean "malas personas", sino de que sus prioridades morales son distintas, de modo que cuando entran en conflicto diferentes elementos, sus actuaciones divergen.

Haidt sugiere que si Obama quiere contar con el apoyo de toda la sociedad estadounidense, debe ampliar su vocabulario moral para asegurarse de que los liberales que le llevaron al poder al menos puedan ser conscientes de la validez moral de valores como la lealtad al grupo, la autoridad, y la preocupación por la *pureza espiritual* y de considerarlos desde un prisma más progresista. El hecho de ser el primer presidente afroamericano, por ejemplo, le da la oportunidad de poder construir un equilibrio

© narcea, s. a. de ediciones

más delicado entre la diversidad y la inclusión social, preocupaciones tradicionalmente liberales, y la justicia económica y la equidad, valores tradicionalmente asociados a la derecha norteamericana. Haidt afirma que dicho equilibrio puede conducir a un mayor consenso social.

En otra obra, Haidt (2008) traza la historia del campo que hoy se conoce como "psicología moral". Su definición de los sistemas morales es de gran ayuda:

> "Los sistemas morales entretejen conjuntos de valores, prácticas, instituciones y mecanismos psicológicos desarrollados que trabajan conjuntamente para suprimir o regular el egoísmo y hacer posible la vida social".

> **"La inteligencia estriba, en última instancia, en perseguir nuestra pasiones y objetivos en la vida, de un modo que sea compatible con el bienestar de los que nos rodean, sean estos hombres o mujeres."**

En este capítulo analizaremos algunas de las maneras con las que contamos para convertirnos en personas más éticas y para regular nuestro egoísmo y así ampliar los límites de nuestra inteligencia para el mundo real.

Creemos que la inteligencia estriba, en última instancia, en perseguir nuestra pasiones y objetivos en la vida, de un modo que sea compatible con el bienestar de los que nos rodean, sean estos hombres o mujeres. Y esa es la dimensión específicamente ética que analizaremos en este capítulo. Charles Handy (1999) acuñó una graciosa expresión para describir esta disposición; la llamó "egoísmo en su justa medida". Dijo: "Sin duda, la vida es una oportunidad para dar lo mejor de nosotros mismos. Le debemos a todo el mundo el darles esa oportunidad, aunque el resultado sea desastroso. Podemos detectar, en cada uno de nosotros, la tendencia al bien y la tendencia al mal".

Las fases del desarrollo moral

Una de las más detalladas descripciones de nuestro desarrollo moral se encuentra en la obra de Lawrence Kohlberg (1984). Basándose en la obra de Piaget, Kohlberg propone seis fases del desarrollo moral que distribuye en tres niveles. Este no es lugar para analizarlo con detalle, pero vale la pena describir cómo concibe la evolución de estas fases. Las cinco preocupaciones morales que Haidt identifica toman forma y se moldean durante la infancia y adolescencia. Por ejemplo, todos sabemos que la frase "¡pero no es justo!" es una queja recurrente durante la infancia, cuando aprendemos, a veces a costa de mucho dolor, cómo la sociedad a la que pertenecemos interpreta la justicia, y cómo otros valores morales, como el respeto a la autoridad, entran en conflicto.

> "La vida es una oportunidad para dar lo mejor de nosotros mismos. Le debemos a todo el mundo el darles esa oportunidad, aunque el resultado sea desastroso."

Al principio, los niños aprenden reglas sencillas ("Robar es malo") y vinculan la transgresión de las mismas con el castigo. Entonces, empiezan a darse cuenta de que la interpretación de dichas reglas puede implicar distintos puntos de vista (puede que lo que nos había parecido una agresión en realidad fuera un acto de autodefensa). De forma gradual, se desplazan hacia un terreno más sutil, al tiempo que se dan cuenta de que el sentido moral no es un mundo abstracto en blanco y negro que dicte qué es correcto y qué no, sino un conjunto dinámico de relaciones interpersonales. Esto implica el desarrollo de buenos propósitos y sentimientos hacia los demás, tales como el amor, la empatía, la confianza y la preocupación por los otros.

Partiendo de aquí se conforma una visión más compleja del asunto, hasta llegar a la conclusión de que el desarrollo moral tiene que ver con el mantenimiento del orden social. Las sociedades necesitan reglas y aunque tengamos una buena y fuerte razón o un sentimiento genuino que motive el saltárnoslas, debemos ceñirnos a las mismas. Si nos saltamos un semáforo en rojo tendremos que pagar una multa, aunque lleváramos a una mujer a punto de dar a luz de camino al hospital. Y, finalmente, Kohlberg da fe de ciertas fases que van más allá de la moral convencional e imagina a ciertos individuos planteándose cuestiones fundamentales como "¿Qué hace de la sociedad una 'buena sociedad'?". En un mundo regido por la ética, deben existir mecanismos para cambiar las reglas y las ideas que sean injustas; pongamos, por ejemplo, que las mujeres no puedan votar.

El desafío, tanto para los padres como para las escuelas entonces será el de cómo crear entornos educativos en los que los niños progresen a través de estas fases. ¿Cómo animamos a los niños a pensar en estos asuntos tan complejos y a que después actúen en consecuencia? A pesar de que en el Reino Unido y en otros países la escuela está obligada por ley a atender "el desarrollo moral y espiritual" de sus alumnos, en la práctica, las presiones que recibe hace que se centre casi exclusivamente en la tarea de "formar a los alumnos con éxito" en términos de preparación para los exámenes, currículo, evaluaciones y aspectos de este tipo.

Adoptando una perspectiva que parte de la psicología positiva (que se centra en el desarrollo de los puntos fuertes de cada uno en vez de en la regulación de los puntos débiles), Christopher Peterson y Martin Seligman, como la mayor parte de eminentes pensadores de este campo, han intentado crear un marco para lo que ellos denominan "puntos fuertes y virtudes temperamentales". El marco trata de brindarles, tanto a los profesores como a otros profesionales de la educación una serie de áreas fundamentadas en la investigación en las que centrarse a la hora de educar a los jóvenes.

Tras un amplio rastreo de la investigación presente en culturas muy diversas identificaron veinticuatro rasgos del temperamento que se agrupan en torno a seis virtudes (véase Tabla 8.1). Peterson y Seligman (2004) se refieren a su trabajo como a "la ciencia de los puntos fuertes humanos", que se acerca en gran medida a lo que entendemos por "inteligencia ética".

Empiezan con las virtudes, las características centrales que los filósofos de la moral y los líderes religiosos, a lo largo de los siglos, han promovido. Pero no se centran en los elementos morales que conforman dichas virtudes (que podrían conducirles a una tarea moralizadora), sino más bien en los ingredientes psicológicos (los procesos y los mecanismos que subyacen a esas virtudes).

Sugieren que cultivar los puntos fuertes consignados en la Tabla 8.1 debería ocupar un lugar central en las tareas a las que se enfrenta hoy en día la educación.

Virtudes del personaje	Puntos fuertes del personaje
Sabiduría	Creatividad Curiosidad Mente abierta Amor al aprendizaje Perspectiva
Coraje	Valentía Persistencia Integridad Vitalidad
Humanidad	Amor Amabilidad Inteligencia social
Justicia	Ciudadanía Equidad Liderazgo
Templanza	Capacidad de perdonar Compasión Humildad y modestia Prudencia Auto-regulación
Trascendencia	Estima de la belleza y de la excelencia Gratitud Esperanza Sentido del humor Espiritualidad

Tabla 8.1. Los ingredientes psicológicos que subyacen en las virtudes

En un libro escrito conjuntamente entre Howard Gardner y Anna Craft, Claxton (2008) ha tratado de vincular la idea de la ética y del comportamiento moral con los huidizos conceptos de *sabiduría* y de *creatividad*. Sugiere que existe una disposición central que subyace en la equidad, por ejemplo, y que podría ser la capacidad humana por sentir empatía, y se pregunta si el análisis dinámico de las motivaciones de los héroes y heroínas de los jóvenes y de los adultos en la escuela podría ser una manera práctica de analizar la inteligencia ética en acción.

Podría ser que la habilidad misma de adoptar una perspectiva amable, sabia y desinteresada brote del desarrollo de la empatía. Cuanto mayor sea el dominio de la habilidad de observar el mundo a través de los ojos de otras personas, mayores serán las posibilidades de aprender con una objetividad relativa y ser más hábil cuando se trata de buscar la manera de contribuir "al bien común", en vez de pensar tan solo en uno mismo y en sus amigos.

Cultivar la inteligencia ética en las escuelas

La educación ética y moral siempre ha formado parte de la educación. Hace tiempo, Benjamin Franklin afirmó que: "Nada es de mayor importancia para el bien común que formar y entrenar la sabiduría y la virtud en los jóvenes". Las escuelas siempre han tenido que declarar cuáles eran sus reglas y a veces también cuáles eran sus creencias. La educación moral, en su sentido más amplio, es uno de los aspectos más antiguos del currículo escolar. En cierto modo, no hay forma de *no* enseñar ética. Todas las escuelas tienen un currículo explícito y un currículo oculto, en el que los valores están encarnados en el sentido cotidiano de los mensajes que rigen el funcionamiento de la escuela. A menudo los alumnos deducen los valores de la institución basándose más en la forma en que los profesores y otros adultos se comportan y en cómo les trata la escuela que partiendo de sus declaraciones de principios.

> "Cuanto mayor sea el dominio de la habilidad de observar el mundo a través de los ojos de otras personas, mayores serán las posibilidades de aprender con una objetividad relativa y ser más hábil cuando se trata de buscar la manera de contribuir "al bien común", en vez de pensar tan solo en uno mismo y en sus amigos."

Howard Gardner (2006) sugirió que existe una especie de "mente ética", y que parte del trabajo de la escuela consiste en cultivarla. Estamos de acuerdo con él. Gardner considera que los rasgos principales de la actividad ética estriban en esforzarse en hacer lo que él llama "un buen trabajo" y en ser un buen ciudadano. Gardner se embarcó en un estudio a largo plazo, a través de la *Good Work Foundation,* en torno a las características que tienen las acciones éticas en el siglo XXI y en la práctica. Basándose en una serie de entrevistas con una amplia gama de profesionales, ha empezado a extraer algunos principios generalizables.

Las escuelas cumplen un papel principal en el cultivo de una mente ética. Pero el proceso no resulta sencillo. Hablar de lo que es *bueno* hace que, inevitablemente, se levanten acusaciones en torno a la imposición de una determinada y subjetiva moral. Pero en educación, sencillamente, no podemos evitar abordar el tema porque se trata, en sí misma y de forma indeleble, de una empresa moral, como hemos señalado.

Gardner sugiere que la ambigüedad inherente a la palabra puede resultar útil:

> "Los profesionales de la educación pueden allanar el camino que conduce a una mente ética prestándole atención a otras connotaciones presentes en la palabra "bondad". Los alumnos deben entender por qué están aprendiendo lo que están aprendiendo y cómo nos podemos plantear el conocimiento de forma que tenga una utilidad constructiva".

Gardner ha sugerido cuatro test (conocidos como "Las 4 M") que utiliza como indicadores de un *buen* trabajo:

1. *Misión.* En qué medida las metas se han articulado de forma explícita, de modo que exista un sentido claro de cuál es la dirección en la que se avanza.
2. *Modelos.* Señalar ciertos individuos que hagan un buen trabajo y que puedan actuar como modelos.
3. *El test del espejo (individual).* La idea de utilizar, de forma regular, la inteligencia estratégica para mirarse en el espejo y preguntarse si lo que acabamos de hacer lo hemos hecho de forma ética.

© narcea, s. a. de ediciones

4. *El test del espejo (responsabilidad profesional)*. La obligación de supervisar y orientar a los demás para que realicen un buen trabajo.

Si estas son señales útiles que promueven el desarrollo de la inteligencia ética, entonces la cuestión crucial será, sin duda, cómo llevarlas a cabo.

Los dos ejemplos de la investigación que citamos al inicio del capítulo sugieren dos posibilidades. El experimento del *Bobo doll* nos recuerda —como Gardner— la potente e increíblemente enorme influencia que tienen los adultos a la hora de modelar el comportamiento de los niños. Y de *El buen samaritano* extraemos la saludable lección de que el hecho de que aprendamos en qué consiste un buen comportamiento no significa, necesariamente, que empecemos a llevar a cabo buenas obras.

Hablar de asuntos que tengan que ver con la moral puede ser útil para contar con una orientación y tenerlos más claros, pero no siempre es así. (Por cada joven que se sienta inspirado por el mensaje moral puede que haya otro que objete que le están "dando el sermón" ¡y decida molestar al "cura" en cuestión haciendo justo lo contrario de lo que este dice!).

En este sentido, Nel Noddings (1999), de la Universidad de Stanford, establece una distinción útil entre dos sentidos del cuidado: "cuidar de" y "preocuparse/interesarse por". Esta autora señala que para que la inteligencia ética signifique algo en la práctica, debemos hacer algo más que preocuparnos *por los demás* en abstracto; debemos también cuidar *de ellos* de una forma práctica. Resulta interesante constatar que lo que primero aprendemos sea a cuidar de los demás, gracias a la experiencia de primera mano que recibimos en el hogar donde nos criamos y que entonces lo extrapolamos al aprendizaje de cómo cuidar a los demás. Preocuparse/interesarse por asuntos más amplios como el medio ambiente, la justicia o la pobreza es un logro más sofisticado que implica pensamiento y reflexión, y que tiende a emerger más tarde, durante la adolescencia o con posterioridad. Y cuando solo implica un compromiso intelectual, y no resulta en actos prácticos y compasivos, Noddings afirma que es señal de que la ética ha perdido el rumbo.

© narcea, s. a. de ediciones

La clave central de la teoría del cuidado es la que sigue: preocuparse/interesarse por otro (o quizás un sentido de la justicia) debe contemplarse como un instrumento para establecer las condiciones adecuadas para el florecimiento del cuidado. Este primer sentido del cuidado se vacía de significado cuando no culmina en un cuidado de las relaciones.

Para empezar a trabajar la inteligencia ética

La expresión más simple de la inteligencia ética que encontramos en las escuelas implica esfuerzos explícitos porque los jóvenes desarrollen su temperamento. Encontramos muchos ejemplos de ello en escuelas de todo el mundo, en las que, mediante asambleas y clases, tratan de lograrlo. Se discuten dilemas y se dispensan preceptos, a veces dentro de un marco explícitamente religioso, y otras veces no. El problema está en que, como vimos gracias al experimento de El buen samaritano, aunque el mensaje moral sea evidente para cualquiera, no hay ninguna garantía de que se vaya a aplicar o a poner en práctica. Y, como sugerimos con anterioridad en relación a los consejos que Jonathan Haidt le dio al presidente Obama, el tono moral puede politizarse con mucha facilidad.

El esfuerzo por desarrollar una ética del cuidado que implique los dos sentidos señalados (el *cuidado de* y la *preocupación/el interés por*) suele estar presente en la forma que tienen las escuelas, en el Reino Unido, de diseñar la participación de los chicos y chicas en el consejo de alumnos. Normalmente, cada clase elige a uno o a más de un representante que asiste (y tiene distintos grados de poder y de autonomía) a una especie de pequeño Parlamento.

A veces los consejos funcionan muy bien, y brindan a los jóvenes una oportunidad real para debatir asuntos de carácter moral y emprender acciones prácticas. Otras veces quedan reducidos a la discusión de cuestiones técnicas como el estado de los lavabos o de las taquillas, o responden, meramente, al orden del día establecido por los profesores de la escuela. Un consejo escolar eficaz tiende a establecer su propio orden del día, a emprender sus propias investigaciones, a tener un papel activo a la hora de dar forma a la actitud ética de la escuela, a brindarles una devolución a los profesores en lo que toca a su manera de enseñar y a empujar a los miembros del equipo docente y de gestión a aprender cada vez más acerca de su papel, por ejemplo. El tipo de planteamientos que utilizan suelen basarse en las ideas de la "Filosofía para niños" o en el "Espacio abierto".

En muchos países, las versiones infantiles de la participación democrática se colocan bajo la etiqueta de educación para la ciudadanía. Implica formar a los niños para que tomen sus propias decisiones y para que se responsabilicen de sus propias vidas; en la escuela, en sus hogares y en sus comunidades. Como Bernard Crick (1998) lo expresa:

> "La Ciudadanía es más que una asignatura más. Si se enseña bien y se orienta hacia las realidades locales, sus necesidades y sus valores fomentará la democracia en nuestras vidas, tanto en lo que toca a los derechos como a las responsabilidades, comenzando en la escuela e irradiando hacia el resto de la comunidad".

El desafío de la educación para la ciudadanía es el riesgo del nacionalismo y la dificultad de crear un espacio suficientemente neutro para que se puedan sostener debates complejos.

Existe un planteamiento paralelo que suele denominarse como "Educación del carácter". La *Character Education Partnership* (Scales, Blyth, Berkas y Kielsmeier, 2000), un programa de los Estados Unidos, ha generado una útil herramienta de auto-análisis que emplea las siguientes once afirmaciones que figuran en la herramienta útil de este capítulo.

Uno de los aspectos de la educación que se aborda cada vez más, especialmente en EE.UU., es el *aprendizaje-servicio*. El aprendizaje-servicio integra una comunidad llena de sentido que implica enseñanza, aprendizaje y reflexión. Suele implicar también el trabajo voluntario fuera de la escuela y la interacción con adultos de una variada gama de organizaciones y profesiones orientadas hacia el servicio a la comunidad. A menudo se le denomina como Servicio voluntario, Currículo comunitario y Actividades para la comunidad. En el Reino Unido, este tipo de actividad es un elemento central del *Duke of Edinburgh's Award Scheme* y

Una herramienta útil:
"Los once principios de la educación del carácter"

1. Promover valores éticos centrales y valores ligados a un comportamiento comprensivo, entendidos como los cimientos para tener un buen carácter.
2. Definir el carácter de forma global, incluyendo los pensamientos, las emociones y el comportamiento.
3. Utilizar un planteamiento global, intencional y proactivo del desarrollo del carácter.
4. Crear una comunidad escolar basada en el cuidado.
5. Brindar oportunidades a los alumnos para gozar de una educación moral.
6. Incluir un currículo lleno de sentido, que suponga un desafío y que respete a todo el alumnado, para que desarrollen su personalidad y que contribuya a su éxito.
7. Esforzarse por fomentar la auto-motivación de los alumnos.
8. Implicar al personal de la escuela como una comunidad moral y de aprendizaje que comparte la responsabilidad de la educación del carácter y trata de adherirse a unos mismos valores centrales que guíen la educación de los alumnos.
9. Fomentar el liderazgo moral compartido y una amplia gama de formas de apoyar las iniciativas que miren a la educación del carácter.
10. Implicar a las familias y a los miembros de la comunidad como cómplices de ese esfuerzo de construcción del carácter.
11. Evaluar la escuela y el personal teniendo en cuenta su papel a la hora de educar la personalidad y en qué medida los alumnos manifiestan un buen carácter.

© narcea, s. a. de ediciones

existen programas similares en todo el mundo, diseñados para enriquecer la experiencia de aprendizaje, fomentar la iniciativa, enseñar la responsabilidad cívica y fortalecer la comunidad. Es interesante constatar que algunas investigaciones incluso sugieren que ciertos tipos de aprendizaje-servicio, además de fomentar la responsabilidad social del alumnado y la inteligencia ética, pueden también tener un impacto positivo en el éxito académico.

Cada uno de los planteamientos que hemos enumerado antes tiene sus virtudes. El desafío, en realidad, consiste en integrar la dimensión ética en el proceso educativo, porque, con excesiva facilidad, suele contemplarse como un simple agregado.

Para profundizar: ejemplos de experiencias educativas

Uno de los ejemplos más conocidos de escuelas que se han propuesto, deliberadamente, desarrollar la inteligencia ética en sus alumnos se encuentra en la ciudad de Reggio Emilia, en Italia. Allí, tras la Segunda Guerra Mundial, una comunidad impresionada por su propia complicidad y pasividad frente a la brutalidad, se propuso formar a las nuevas generaciones de jóvenes para que tuvieran una mayor fortaleza moral. Se centraron en asentar los cimientos para ese tipo de carácter ya en los primeros años de la escolarización.

Las escuelas de Reggio Emilia tratan, explícitamente, de crear unas comunidades éticamente inteligentes. Los padres forman un equipo junto a los profesores a la hora de participar en el desarrollo de las escuelas. El aprendizaje se proyecta entre todos y se fomenta la investigación y la presencia de múltiples puntos de vista, que son la base de la empatía, como mencionamos anteriormente, mediante un planteamiento que las escuelas denominan como "Los cien lenguajes de la infancia" Aquí, la palabra "lenguaje", en este caso, incluye toda la gama de formas de interacción y de comunicación: las formas de pintar, de dibujar, de jugar, de actuar y así, sucesivamente.

Aquellas escuelas que se toman en serio el desarrollo de las dimensiones éticas parecen fomentar, explícitamente, la flexibilidad, la empatía, la evaluación crítica y la creatividad (especialmente la exploración de soluciones quizá no tan obvias a los problemas reales y complejos). Sobre todo, son muy conscientes de la dimensión cultural de la escuela, de hasta qué punto los adultos que la conforman son un poderoso modelo de comportamiento, tanto para bien como para mal. Parece que Reggio Emilia ha tenido tanto éxito porque ha situado el comportamiento ético y cooperativo en el centro de su cultura. Los padres, los profesores y los alumnos se comunican de forma genuina y se escuchan los unos a los otros. Sus patrones de pensamiento y de actuación están unidos a un fuerte sentido ético y al deseo de que jamás se repita el descalabro de los procesos democráticos evidenciado durante la guerra.

Nel Noddings sugiere en este sentido algunas ideas útiles acerca de los *cuatro procesos clave* que están implicados *en la conformación del planteamiento ético:*

1. *Modelado.* Profesores y unos adultos que encarnen ciertos valores.
2. *Diálogo.* Oportunidades para el debate, para la crítica, para la evaluación y para la devolución.
3. *Práctica.* Oportunidades explícitas para que los alumnos practiquen.
4. *Confirmación.* Confianza, coherencia y continuidad, así como la ausencia de frases rimbombantes.

En este sentido, se observan vínculos claros con los cuatro test sugeridos por Gardner. Además de hacer hincapié en el tipo de procesos que parecen funcionar, Noddings también nos anima a no vacilar a la hora de avanzar en el desarrollo de una dimensión ética y de cuidado en la educación, que es uno de nuestros claros propósitos morales. Noddings anima a los profesionales de la educación a relajar su impulso de controlar las escuelas, para fomentar, en su lugar, lo que ella llama como una "experimentación responsable" en pro de la restitución de una autonomía más genuina dentro de la escuela y entre las escuelas.

En Australia existe una tentativa para aprender algo más sobre el desarrollo de la inteligencia ética. La idea principal de dicho proyecto, denominado como *National Framework for Values Education in Australian Schools* (Marco general de los valores educativos de las escuelas de Australia) es que poner en el centro de la escuela los valores y, ulteriormente, esforzarse por vivir dichos valores dentro de la comunidad escolar, tiene como resultado que los niños tengan un alto sentido de la ética y cuiden de dichos valores en su vida, en su comunidad local y global, así como en su relación con el medio ambiente.

Hace unos años, Guy Claxton participó en un congreso en Australia, celebrado por el instituto Glen Waverley, de Melbourne. Por la tarde, un grupo de participantes vio las presentaciones de los proyectos de investigación ampliada de los alumnos. En noveno (14-15 años), los alumnos tenían la oportunidad de dedicar cada jueves de un semestre a trabajar, en grupos reducidos, centrándose en un proyecto que ellos mismos diseñaron. Una de las presentaciones fue la de un grupo de tres chicas: Surabhi, Stephanie y Fiona. Habían estado investigando en torno a los centros de detención para refugiados y para solicitantes de asilo. Como los habían visto en las noticias de la televisión, las chicas sentían curiosidad, porque les parecía que eran feos e inhóspitos. Leyeron informes, entrevistaron a algunas personas que habían pasado algunos meses en ellos y crearon una sofisticada presentación en Power Point que duraba diez minutos y exponía sus hallazgos.

No se trataba de unas alumnas con altas capacidades, pero hablaron con mucha elocuencia y con mucha pasión de su investigación. Y nos explicaron que querían seguir con el estudio, pero que la cuestión de partida había cambiado y había tomado otra forma. Ahora lo que querían saber, como lo planteó Surabhi era: "¿Por qué los australianos sienten la necesidad de comportarse de forma tan poco cuidadosa en relación a unos extranjeros que se hallan en una situación desesperada?". Su seriedad conmovió e inspiró a todos los que nos encontrábamos en la sala. Y nos contaron que el proyecto había fomentado, en gran medida, la confianza en ellas mismas, así como sus competencias para investigar, entrevistar, cooperar y preparar una presentación. Pero en la mayoría de las escuelas no habrían tenido una oportunidad tan valiosa para ejercitar y fortalecer los músculos que intervienen en el aprendizaje.

© narcea, s. a. de ediciones

Fue gracias al hecho de que su escuela tuviera una visión más amplia de la educación y confiara tanto en el alumnado por lo que pudieron gozar de esa oportunidad.

Resultó que las chicas, posteriormente, le enviaron un DVD con su presentación al primer ministro australiano, John Howard. No recibieron respuesta. Pero su profesora, Adele Briskman, también las animó a inscribir su investigación en un congreso internacional de derechos humanos que se celebró en Melbourne en Febrero del 2007. Su solicitud fue admitida y muy bien recibida por los delegados del congreso. La experiencia las puso muy nerviosas, pero una vez realizada la exposición, las chicas estuvieron encantadas y se sintieron muy orgullosas de sí mismas. Y lo que es más importante: el resultado fue que su inteligencia ética se amplió en pro de su aprendizaje. En esto consiste una educación real. No es tan difícil organizar la escuela de modo que los alumnos gocen de este tipo de oportunidades.

Cuestiones para reflexionar

Este capítulo contiene algunas ideas que, en muchos sentidos, son fundamentales para una escolarización inteligente, pero que a la hora de ponerlas en práctica, suponen un verdadero desafío.

Para ayudarte a considerar cómo podrías poner en práctica algunas ideas en torno a la inteligencia ética puede que quieras plantearte las siguientes cuestiones:

⇨ ¿Cómo podría hacer que los alumnos se impliquen más en dilemas morales reales para que puedan aprender cómo abordar este tipo de asuntos? ¿Es apropiado hacer que trabajen en torno a cuestiones morales reales con las que se topan fuera de la escuela? Y si lo es, ¿cuál sería la mejor forma de trabajarlas?

⇨ ¿Qué cosas hago ya para promover la inteligencia ética en mis clases? ¿Como profesor, cómo me influyen mis propios valores? Si lo pienso con detenimiento, ¿qué valores suelo *encarnar* (que se opongan a los que suelo *profesar*)?

⇨ ¿Cómo podría utilizar de forma práctica los cuatro test de Gardner? Por ejemplo, ¿qué personas conozco que encarnen "un buen trabajo" o qué sé de ellas? ¿Podría citarlas o hablar más de ellas durante mis clases?

⇨ ¿Cómo podría trabajar junto a mis colegas para pensar en la creación de oportunidades reales para que los alumnos desarrollen su inteligencia ética, tanto en el aula como fuera de ella? Puede tratarse de un asunto delicado, por lo tanto, ¿cuál sería la mejor manera de plantearlo?

⇨ ¿Cómo podría el equipo docente, en su conjunto, actuar como un modelo de comportamiento a la hora de esforzarse al enfrentarse a dificultades éticas genuinas? ¿Hacemos lo suficiente para implicar a los alumnos en los procesos complejos de toma de decisiones de la escuela?

⇨ ¿Es apropiado tratar de frenar el egoísmo y el materialismo en la escuela? Si es así, ¿cómo hacerlo? ¿Podríamos empezar a profundizar en estos asuntos analizando el tema del cambio climático y la sostenibilidad, por ejemplo?

⇨ ¿Podría emplear la herramienta de "los once principios de la educación del carácter" para sugerir maneras de sacarle mayor partido a las iniciativas que mi escuela ya está emprendiendo en el área de la inteligencia ética? ¿Cómo podría emplearla como base de una sesión de reciclaje profesional con mis colegas?

© narcea, s. a. de ediciones

9. Conclusiones: A modo de *Coda Final*

> *Resulta cada vez más evidente que los métodos educativos que hemos estado utilizando durante los últimos setenta años ya no bastan. Se basan en una serie de asunciones científicas en torno a la naturaleza del conocimiento, los procesos de aprendizaje y las distintas aptitudes para el aprendizaje que han sido eclipsadas por nuevos descubrimientos.*
>
> LAUREN RESNICK (1999)

Vamos a empezar las conclusiones haciendo un recuento y repasando algunos de los temas que la "orquesta" de la que hablamos al principio de este libro ha ido interpretando a lo largo de los capítulos anteriores. Una vez repasados, concluiremos planteando algunas reflexiones a las que dichos temas nos podrían conducir en el futuro, y discutiremos cómo fortalecerlas y desarrollarlas. Como hemos señalado ya, la ciencia emergente que se ocupa de la inteligencia aprendida está en ciernes: aún hay muchas cuestiones que explorar e incluso hay algunos desarrollos erróneos (quizás hayamos incurrido también en ellos en este libro), que debemos volver a definir y analizar.

En el *Preludio*, afirmábamos que las escuelas se basan en una serie de ideas de partida en torno a qué tipo de personas y de mentalidades necesita la sociedad. Pero también se basan en una serie de definiciones de la mente: qué aspectos de la mente de los niños son maleables y cuáles están predeterminados y cómo dar forma a los que son maleables. De la misma forma que nuestra comprensión de la naturaleza del aprendizaje y de la inteligencia está en constante cambio y desarrollo, también lo está el modo en que organizamos las clases, la forma de diseñar los exámenes, definir los currículos y la manera de enseñar de los profesores.

© narcea, s. a. de ediciones

En este libro hemos tratado de mostrar cómo está cambiando la perspectiva tradicional que se tenía respecto a la inteligencia, y cómo dichos cambios tienen un impacto en las escuelas, que irá en aumento.

Ampliando horizontes

Nuestra *concepción* de lo que significa ser inteligente está en expansión. Ser listo no solo significa ser capaz de resolver cuestiones verbales y matemáticas abstractas a contrarreloj. Los resultados de las investigaciones nos muestran que esta habilidad tiene poco que ver con la gestión cotidiana de las dificultades que las personas llevan a cabo en su trabajo, en su hogar y en su tiempo libre. La inteligencia "para el mundo real" tampoco depende de si solemos ganar o no al *Trivial Pursuit*. El tener una memoria capaz de recordar "hechos importantes" y ser capaz de echar mano a los mismos con celeridad y a demanda no parece que tenga mucho que ver con el tema mucho más amplio que nos ocupa: qué necesitamos para "gozar de una vida plena" en el siglo XXI.

> "Si la educación se orienta a formar a las personas para ganar en este tipo de juegos o para que sean profesores de Filosofía, mientras quienes no son "buenos" en estos campos o no están interesados en ellos se sienten como "alumnos de segunda" es que la educación anda desencaminada y se ha convertido en una especie de *Trivial Pursuit*."

La inteligencia para el mundo real tiene que ver con cómo las personas reaccionan ante los desafíos que les preocupan. Como dijo Jean Piaget (2001), "ser listo no consiste en tener una gran cantidad de conocimientos; sino en cómo pensamos, cómo sentimos y cómo nos comportamos en esos momentos en los que nuestro arsenal de conocimientos y de competencias *no aportan* una respuesta clara, obligándonos a pensar por nosotros mismos".

Una persona puede tener un resultado increíble en los test de inteligencia o ganar siempre en el *Mastermind*[1], pero si se queda

---

[1] El *Mastermind* es un popular juego de mesa en el que se utiliza la capacidad deductiva para adivinar un código formado por colores. Existen también variaciones con números, letras y figuras animadas. [N. de la Trad.].

© narcea, s. a. de ediciones

paralizada o se pone a la defensiva en los momentos de incertidumbre y de indecisión, es poco probable que sea tan inteligente como cree. Si la educación se orienta a formar a las personas para ganar en este tipo de juegos o para que sean profesores de Filosofía, mientras quienes no son "buenos" en estos campos o no están interesados en ellos se sienten como "alumnos de segunda", es que la educación anda desencaminada y se ha convertido en una especie de *Trivial Pursuit*.

La inteligencia es un compuesto

Ahora sabemos que la "inteligencia", lejos de ser un simple atributo, es como una maleta llena de "instrumentos", que se orquestan intrincadamente para interpretar una armoniosa melodía.

Ser capaz de lidiar bien con la dificultad y la incertidumbre depende de la disciplina interna y de la perseverancia. Depende de estar en busca de recursos que sean de ayuda, tanto materiales como sociales. Depende de la habilidad para prestar una atención cuidadosa y para concentrarse con ahínco, así como de la voluntad de buscar soluciones, experimentar y mejorar mediante una práctica bien diseñada. Requiere imaginación, intuición y empatía, así como lógica y capacidad de crítica. Se beneficia de una apertura de miras y de no estar a la defensiva. En el Capítulo 1 hemos presentado diversos marcos que se han ido desarrollando para describir esta naturaleza compuesta de la inteligencia.

> "Ahora sabemos que la "inteligencia", lejos de ser un simple atributo, es como una maleta llena de "instrumentos", que se orquestan intrincadamente para interpretar una armoniosa melodía."

El otro sentido al que apelamos cuando decimos que "la inteligencia se expande" no se refiere al concepto de inteligencia, sino a la inteligencia misma. Existen abundantes evidencias que indican que la inteligencia para el mundo real (de la que debe ocuparse la educación) es, en sí misma y en esencia, capaz de expandirse. No solo es más riguroso, sino más productivo a nivel educativo, centrarse en aquellos aspectos de la mente que se pueden desarrollar.

© narcea, s. a. de ediciones

Dicho llanamente: los niños pueden ser más listos, y el trabajo de la escuela es ayudarles a serlo. Gracias a iniciativas como las que hemos visto a lo largo de los capítulos precedentes, se han desarrollado cientos de maneras prácticas para ejercitar y fortalecer la resiliencia, la imaginación y la concentración en el transcurso de una clase "normal".

> "Los niños pueden ser más listos, y el trabajo de la escuela es ayudarles a serlo."

La inteligencia es expandible

En el Capítulo 2 hemos analizado con mayor detalle esta idea y las evidencias que la sustentan. Llegamos a la conclusión que el antiguo esfuerzo por dividir la inteligencia en el componente innato y el aprendido ya no se sostiene. Puede que los genes especifiquen un determinado potencial, constituyéndose como una especie de contenedor; pero ese contenedor es grande, y adónde nos lleve nuestra inteligencia depende, en gran medida, de la experiencia, y de la orientación que hayamos recibido. Tiene mayor importancia el descubrimiento de que la inteligencia tiende a estar limitada no tanto por la herencia genética como por la creencia adquirida por la persona respecto a sus capacidades. Cuando no se articula o se cuestiona esta creencia, conduce a que los alumnos se imaginen que si fueran "listos" les sería fácil aprender y que si se esfuerzan y perseveran es que son estúpidos y no sirven. Y esta creencia errónea les aparta del aprendizaje y del esfuerzo.

> "Tiene mayor importancia el descubrimiento de que la inteligencia tiende a estar limitada no tanto por la herencia genética como por la creencia adquirida por la persona respecto a sus capacidades."

Sea como sea, cuando los profesores son capaces de sacar a la luz dichas creencias, y demuestran a sus alumnos que se pueden cuestionar, muchos de ellos (aunque no todos) son capaces de liberar su aprendizaje con bastante rapidez. Si la tarea de las escuelas es ayudar a los jóvenes para que desarrollen su inteligencia para el mundo real, lo primero que deben hacer es asegurarse de que no están perpetuando esta desfasada concepción de la inteligencia como un atributo fijo.

La inteligencia es práctica

La anticuada visión de la inteligencia no la concibe solo como relativamente estable y fija, sino como abstracta. Esta asociación entre la inteligencia y el razonamiento abstracto hunde sus raíces en nuestra cultura desde tiempo inmemorial. Desde Platón hasta la patrística cristiana, pasando por Descartes y llegando hasta la actualidad, han contemplando en sus obras el cuerpo como inferior, salvaje y poco confiable comparado con el mundo más elevado, más civilizado y más etéreo del intelecto. Pero con el auge de la neurociencia —como vimos en el Capítulo 3— hemos llegado a saber hasta qué punto el cuerpo físico (y, especialmente, el cerebro) es inteligente y también sabemos ahora lo fácil que es para el limitado intelecto concebir ideas muy poco prácticas y cortas de miras. La inteligencia para el mundo real implica tanto documentarse como poder pasar del dicho al hecho. La prueba de que un pastel es bueno pasa por comérselo.

Y la actividad física (hacer un esbozo, confeccionar algo, garabatear y dominar la gestualidad) resulta que está profundamente implicada en el pensamiento y la creación inteligentes. Hacer y arreglar cosas son actividades sofisticadas a nivel

> **"La actividad física está profundamente implicada en el pensamiento y la creación inteligentes."**

cognitivo, no son solo actividades que se hagan con el cuerpo. Los buenos futbolistas aprenden a ponerse en el lugar del equipo contrario, y los chefs deben pensar cuidadosamente en sus menús. No nos beneficia, como sociedad, asociar la inteligencia con la escritura y la aritmética en vez de con la danza, la jardinería o la fontanería.

Debemos expandir nuestra concepción de la inteligencia para que incluya, junto a los oídos y los pensamientos, las manos y los pies, para organizar las escuelas de modo que las cientos de maneras que existen de ser inteligente se valoren tanto como una argumentación bien fundamentada o un teorema bien demostrado. Si a quienes se les dan bien las cosas prácticas sienten que sus intereses y competencias hacen que se les considere menos "listos" no solo son ellos los que sufren, sufre la sociedad entera. La sociedad necesita de sus *hacedores* y *emprendedores* tanto, sino más, como de sus abogados o de sus profesores.

La inteligencia es intuitiva

La inteligencia no es solo verbal, y a veces ni siquiera es demasiado consciente. Pensar con detenimiento y de forma lógica es solo una parte de la inteligencia; pero a menudo, la lógica trabaja mejor cuando se combina con formas menos definidas de cognición. En el Capítulo 4 vimos que muchas personas altamente creativas suelen combinar, de forma deliberada, periodos de duro esfuerzo mental con periodos de distensión mental en los que no piensan en nada en concreto. Parece como si el cerebro y el cuerpo constituyeran la verdadera "mente" que se halla tras nuestra inteligencia. Y esa "mente" le habla a la consciencia con distintas voces. A veces se expresa mediante oraciones bien compuestas y argumentos. Otras veces habla mediante imágenes, sueños o incluso visiones. A veces habla en relámpagos de revelaciones, y otras veces mediante silenciosas corazonadas y leves indicaciones. A veces se expresa en forma de premoniciones o de la sensación de sentirnos conmovidos o emocionados (sin razón aparente). Y a veces habla directamente mediante acciones e impulsos, sin que les preceda o les acompañe en absoluto una experiencia consciente.

> "La creatividad no puede reducirse a una frenética y ocasional sesión de danza o de pintura: es mucho más importante que eso."

No existe una sola manera de "ser inteligente": el cerebro inteligente parece estar diseñado para trabajar con una amplia gama de ritmos y registros complementarios. De modo que las escuelas deben entender y ser conscientes de ello y dedicarle un espacio a diferentes tipos y tiempos de actividades inteligentes.

Hemos visto cómo algunas escuelas están creando entornos en los que se anima a los niños a aprender cuándo y cómo utilizar distintos tipos de pensamiento, mientras otras escuelas están ayudando muy conscientemente a los niños a aprender cómo pensar más allá de su forma habitual de entender las cosas, y mejorar a la hora de identificar aquellos saberes más encarnados que poseen.

La inteligencia es distributiva

Ni siquiera podemos desvincular la inteligencia de una persona de lo que le sucede como individuo. Antes se creía que la inteligencia era un atributo personal, pero en el Capítulo 5 vimos que eso no es del todo cierto. Del mismo modo que tenemos que ser conscientes de lo que sucede en el cuerpo y en el cerebro, así como de lo que ocurre en la mente consciente, la inteligencia también depende de nuestra conexión con lo que sucede fuera de nuestro cuerpo, en el "nivel supra-personal". Los seres humanos han evolucionado hasta ser unos increíbles creadores y buscadores de herramientas, y ser capaces de emplearlas. Del mismo modo que un ordenador se vuelve más potente cuando se conecta con diversos dispositivos externos (discos duros, módems, impresoras, cámaras y demás) así nosotros ampliamos nuestra inteligencia mediante el uso competente de una amplia variedad de artefactos. Desde un teléfono hasta un metro, pasando por reglas de cálculo, gafas, gráficos o Internet, la inteligencia para el mundo real casi siempre depende de lo que David Perkins ha denominado como "persona-plus".

Si las escuelas pretenden preparar a los jóvenes para que sean más inteligentes en el mundo real, deben respetar y fortalecer dicha dependencia de la mente respecto a las herramientas. Se puede ayudar a los alumnos a que desarrollen su disposición a hacer uso de estos recursos, es decir, a estar en permanente búsqueda de formas inteligentes de ampliar su potencial de aprendizaje, o se les puede entrenar para que piensen que este tipo de inteligencia es una forma de "hacer trampas" y para respetar solo la resolución de problemas cuando dependa absolutamente de su "mente" (utilizando, como mucho, un bolígrafo y un trozo de papel).

Pero también necesitan ayuda para contemplar las herramientas como un medio genuino de ampliación de la inteligencia, que deben considerar con detenimiento y con discernimiento, en vez de como unas "muletas" cognitivas que, en caso de apagón eléctrico, harán de ellos unos inútiles. La persona y la herramienta deben trabajar juntos y conformar una unidad inteligente que es mayor que la suma de sus partes (no una excusa para la vagancia, la dependencia absoluta o la inconsciencia) y esto requiere una orientación inteligente por parte tanto de los padres como de los profesores. Las nuevas herramientas (como Internet) amplían nuestros recursos; pero también traen consigo nuevos riesgos y demandan el desarrollo de nuevas competencias. Un uso inteligente de Internet requiere una fuerte disciplina, concentración y discriminación en la selección y evaluación de la información. Para navegar de forma inteligente por internet hay que desarrollar un escepticismo inteligente y un repertorio de métodos para evaluar afirmaciones y conocimientos.

> "La persona y la herramienta deben trabajar juntos y conformar una unidad inteligente que es mayor que la suma de sus partes."

La inteligencia es social

Los recursos supra-personales más potentes son, por supuesto, los demás. Las multitudes dependen del pensamiento grupal y pueden comportarse de un modo más histérico o estúpido que cualquiera de los individuos que las conforman. Pero también es verdad que dos o tres piensan mejor que uno, y que, como estamos cansados de escuchar en los discursos de entrega de premios, no hay nadie que pueda lograr nada sin contar con un equipo detrás.

La inteligencia suele tratarse de un logro colectivo, más que de un acto fruto de un individuo brillante. Y como sucede con el uso de las herramientas materiales, la dimensión social de la inteligencia no es algo de cuya existencia debamos convencer a la gente, sino que parece que forma parte de nuestros recursos evolutivos intrínsecos.

Pero que nuestra capacidad para la inteligencia social sea (en cierto modo) natural, no significa que todos seamos igual de buenos a la hora de utilizarla. Como vimos en el Capítulo 6, los individuos deben tener ciertas competencias, y los grupos deben tener actitudes y maneras de trabajar que la fomenten, si pretenden sacar partido de su potencial. No sirve de mucho hacer que la gente trabaje o analice conjuntamente si no son más que una grupo de fanáticos cerrados de mente, o si están convencidos de que su forma de trabajar es, "obviamente" la mejor, y que los demás deben "entrar en razón".

Un equipo que funcione bien es una magnífica unidad de resolución de problemas, pero requiere de competencias y mantenimiento para llegar a serlo. Y los estilos y los métodos de un equipo deben ser flexibles, y sus miembros puede que deban ser capaces de jugar distintos roles dependiendo del momento. De modo que las escuelas deberían ir más allá de enseñar a los alumnos a "jugar limpio" o a "esperar su turno". Existe todo un currículo social que hay que abordar, no mediante test de autoestima, sino a través de una rica y variada dieta de oportunidades para el aprendizaje, y una atención suficiente (pero no excesiva) y explícita al funcionamiento de los grupos y a la evolución de la habilidad del individuo para crear buenos equipos y beneficiarse de su participación en ellos.

> "La inteligencia suele tratarse de un logro colectivo, más que de un acto fruto de un individuo brillante."

La inteligencia es estratégica

La idea de reflexionar explícitamente sobre el trabajo de un grupo nos conduce al siguiente atributo de la inteligencia, que hemos tomado en consideración en el Capítulo 7. Esta es la habilidad para contemplar las cosas desde cierta distancia, considerar distintas opciones y "cambiar de marcha" cuando nos parezca apropiado. Este tipo de inteligencia estratégica o reflexiva no es sinónimo del pensamiento disciplinado y lógico que se situaba en el centro del antiguo modelo de inteligencia. En dicho modelo, se suponía que el razonamiento analítico era el mejor planteamiento ante cualquier dificultad y que era la solución para todo. Pero en este modelo más rico que presentamos aquí, siempre hay varias opcio-

© narcea, s. a. de ediciones

nes en materia de cómo utilizar nuestra mente (que es una suma de cerebro, cuerpo, herramientas y compañeros) para sacar el máximo provecho posible de la misma.

Tu forma habitual de pensar y de analizar puede que sea el planteamiento más adecuado o puede que no. Puede que sepas cuál es la mejor forma de proceder, pero no tiene por qué ser aquella de la que echas mano de forma automática. De modo que la inteligencia para el mundo real debe ser capaz de detenerse en el momento adecuado, situarse a cierta distancia y decir: "Espera un momento. ¿Qué está pasando? ¿Podría intentar hacerlo de otro modo?".

> "La inteligencia estratégica nos capacita para orientarnos y corregirnos a nosotros mismos; esto es, para sacar provecho de todo el saber y la experiencia que hemos acumulado, incluyendo lo que nos han dicho, lo que hemos oído o lo que hemos visto."

Como el resto de animales, somos seres de costumbres; pero a diferencia de ellos, nosotros tenemos el increíble potencial de superar la costumbre y probar nuevas formas o maneras menos familiares de proceder. Podemos transferir ideas de un contexto a otro, y esto hace que saquemos el máximo partido de lo que sabemos, impulsando enormemente nuestra inteligencia, aunque esto sucede, como hemos visto, solo si tenemos la voluntad de hacer uso de esa disposición. Debemos desarrollar nuestra capacidad de interrumpirnos a nosotros mismos para reflexionar; y los profesores deben ayudar a los alumnos a hacerlo.

Como todo buen orientador, los profesores deben explicar y modelar esa instancia reflexiva, brindando multitud de oportunidades para que los alumnos se detengan a tomar distancia respecto a lo que hacen y piensan, desechando todo el andamiaje de supuestos y caminos trillados, para que el hábito de considerar puntos de vista y planteamientos alternativos se convierta, de forma gradual, en su segunda naturaleza.

La inteligencia es ética

Y, finalmente, en el Capítulo 8, hemos analizado una faceta más profunda de la inteligencia para el mundo real, que hace que

CONCLUSIONES: A MODO DE *CODA FINAL*

podamos hablar no ya de "inteligencia", sino de "sabiduría". Para ser verdaderamente inteligente no basta, simplemente, con enfrentarse a los desafíos y perseguir nuestros intereses de forma tan capaz como sea posible: hay que tener claros cuáles son nuestros intereses más profundos. Hay que ser capaz de contemplar las cosas en conjunto y sopesar y resolver lo que a veces resulta una confusa suma de deseos y amenazas en conflicto. "¿Qué será lo mejor para todos?" es quizá la cuestión más acuciante y el desafío más profundo, especialmente teniendo en cuenta que vivimos en un mundo lleno de oportunidades, incertidumbres, complejidad y riesgo.

Las investigaciones muestran que a veces nos olvidamos de lo que realmente importa y actuamos como si ciertas cosas que no importan fueran una cuestión de vida o muerte. De modo que ser realmente inteligente significa conjugar nuestras capacidades inteligentes con un sentido claro y riguroso de la responsabilidad social. A una persona cuya mente esté llena de resentimientos, inseguridades, afrentas imaginarias y sueños frustrados le costará saber cómo "actuar de la mejor forma posible", incluso en contextos cotidianos relativamente sencillos, sin mencionar circunstancias más complejas. En esos casos puede que actúen de una forma poco fiable y voluble, o incluso aparentemente autodestructiva. De modo que ser listo significa conocerse a uno mismo, así como tener la habilidad de lograr lo que *creemos* que queremos.

> **"¿Qué será lo mejor para todos?".** Esta es quizá la cuestión más acuciante y el desafío más profundo, especialmente teniendo en cuenta que vivimos en un mundo lleno de oportunidades, incertidumbres, complejidad y riesgo.**"**

Varios estudios muestran que los jóvenes, hoy en día, son particularmente proclives a estas presiones y confusiones. Por ello, la educación para la inteligencia debe ayudarles a encontrar y desarrollar, dicho con una fórmula ya famosa y trillada, su "brújula moral". Es poco probable que esto suceda si nos valemos de sermones y de formularios. Se les debe ayudar a descubrir qué es lo que realmente adoran hacer y a lo que quieren dedicarse, y a tener en cuenta que algunas de las opciones que puede que estén considerando podrían tener efectos tóxicos en su bienestar más profundo

© narcea, s. a. de ediciones

o a largo plazo. Deben tener la confianza suficiente como para perseguir e implicarse con todas aquellas cosas que sean difíciles pero que valgan la pena. Y necesitan la fuerza de carácter necesaria para ser capaces de resistirse a acciones que puedan dañar su propio bienestar y el bienestar de las comunidades en las que estén o no insertos. Estos asuntos son cuestiones de una magnitud más importante que el sacar altas calificaciones en sus exámenes de economía a los dieciséis años.

Muchas escuelas han pensado detenidamente en torno a estos asuntos más profundos, y han reflejado en la práctica que se trata de una prioridad. Han desarrollado una cultura escolar fuerte en la que este tipo de asuntos éticos y morales pueden emerger y ser tomados en serio por todos. Pero no todas las escuelas han hecho lo mismo.

Este breve recorrido a través de algunas de las ideas actuales en torno a la inteligencia nos han conducido a un punto muy interesante. La investigación nos brinda algunas sugerencias acerca de cómo hacer que las escuelas sean más "eficaces"; pero al mismo tiempo nos plantea el desafío de que pensemos en qué significa realmente ser "eficaz". Un concepto más rico y amplio de la inteligencia nos impele a pensar en torno a los propósitos de la educación, así como en sus métodos. Si la educación es una preparación para la vida, y si debe ser una buena preparación, al margen del número de "dieces" que el alumno acumule, entonces tendremos que abordar ese sentido del propósito.

> "Si la educación es una preparación para la vida, y si debe ser una buena preparación, al margen del número de "dieces" que el alumno acumule, entonces tendremos que abordar el sentido del propósito."

Como hemos mencionado, muchas escuelas han realizado grandes progresos a la hora de ayudar a *todos* los alumnos a ser unos jóvenes más confiados e inteligentes. Pero no todas las escuelas se han sumado a eso, y hay mucho que hacer aún. Algunas escuelas incluso parecen opinar como el profesor de Sabiduría cosmopolita, de *Erewhon*, la novela satírica de Samuel Butler, cuando dice: "No es asunto nuestro ayudar a los alumnos a pensar por sí mismos. Sin duda esto es lo último que uno desea animarles a hacer. Nuestro deber es asegurarnos de que piensen como nosotros, o, en última instancia, como nosotros consideremos oportuno afirmar que pensamos".

Creemos que la investigación que hemos subrayado en esta obra nos ayuda a asentar unos firmes cimientos para progresar en nuestro propósito de repensar la educación. Basándonos en información actualizada en torno a la inteligencia aprendida, esperamos que las escuelas se sientan alentadas e inspiradas para que los jóvenes desarrollen una mente potente y flexible para el siglo XXI, al margen de su origen o de sus perspectivas.

Pasos a seguir

Ofreceremos una breve panorámica de algunas de las perspectivas actuales más evidentes. Pero, como hemos dicho con anterioridad, el territorio que se despliega ante nosotros es tan estimulante como amplio, y hay muchas cuestiones y posibilidades que aún no han sido explorados en profundidad.

En este apartado final, mencionaremos algunas de las áreas en las que estamos trabajando en el *Centre for the Real-World Learning*, en la Universidad de Winchester, y en las que sospechamos que se va a progresar en los próximos años.

Una de dichas áreas implica un perfilado más cuidadoso de la conformación de la orquesta de la inteligencia, no solo en términos de los miembros que la constituyen, sino en cuanto a las distintas agrupaciones de los "instrumentos". Se trata de una cuestión científica, pero también pragmática: ¿qué tipo de marco es más útil para ayudar a los profesores a pensar de qué modo desarrollar una práctica vinculada a los descubrimientos científicos en torno a la inteligencia aprendida? Gracias a nuestra experiencia podemos afirmar que contar con tres o cuatro categorías es poco, porque conceptos tales como el de inteligencia creativa o emocional son demasiado toscos como para poder transmitir su aplicación práctica.

Por otro lado y a la inversa, los *16 hábitos de la mente* o los *17 músculos del aprendizaje* resultan demasiado detallados, especialmente para quienes son nuevos en el campo, como para poder seguirles el rastro. De modo que pensamos en un esquema jerárquico, en el que hay una serie de conceptos manejables, cada uno de los cuales se puede desplegar con mayor detalle, al tiempo que uno se va familiarizando con las ideas y a medida que sea necesario. Tenemos que imaginar las "secciones" de la mente inteligente como una orquesta, que se divide en cuerdas, percusión, metal y viento, unas secciones que, a su vez, comprenden sus propias familia de instrumentos.

Existe una segunda cuestión, que es la de cómo expresar las cualidades de la inteligencia. Algunos de los esquemas existentes son muy académicos y parecen priorizar todavía ciertas formas del aprendizaje y de resolución de problemas que son bastante intelectuales. Aun así, creemos que los tipos de inteligencia de los que hablamos en el Capítulo 3 (los que implican la observación, la imitación y la práctica en la misma medida que el pensamiento y el análisis) deben ser representados en toda su dimensión, dentro de un modelo global de la inteligencia para el mundo real. De hecho, muchas de las escuelas que conocemos parecen haber superado rápidamente la antigua creencia de que "los listos" se dedican a la física y los "no tan listos" se dedican a la fontanería o a la peluquería. De modo que las cualidades que componen la mente deben expresarse de manera que pueda aplicarse tanto al "aprendizaje a través de la observación y la práctica" como al "aprendizaje a través de la escritura y la argumentación".

El modelo 4:5:1

En el *Centre for Real-World Learning* hemos empezado a trabajar en lo que denominamos *El modelo 4:5:1* (Figura 9.1). En el anillo interior está lo que creemos que son los cuatro compartimentos principales de la caja de herramientas del aprendizaje: ***investigar, experimentar, imaginar*** y ***razonar***.

Como grupo, cogimos prestada la expresión de *hábitos de la mente*, de Art Costa y Bena Kallick para describir estas herramientas. Cada una de ellas comprende una familia de hábitos y disposiciones mentales aprendidas.

Por ejemplo, ***investigar*** incluye todas las formas que tiene la gente de descubrir, recoger, sopesar y organizar la información. Es

CONCLUSIONES: A MODO DE *CODA FINAL*

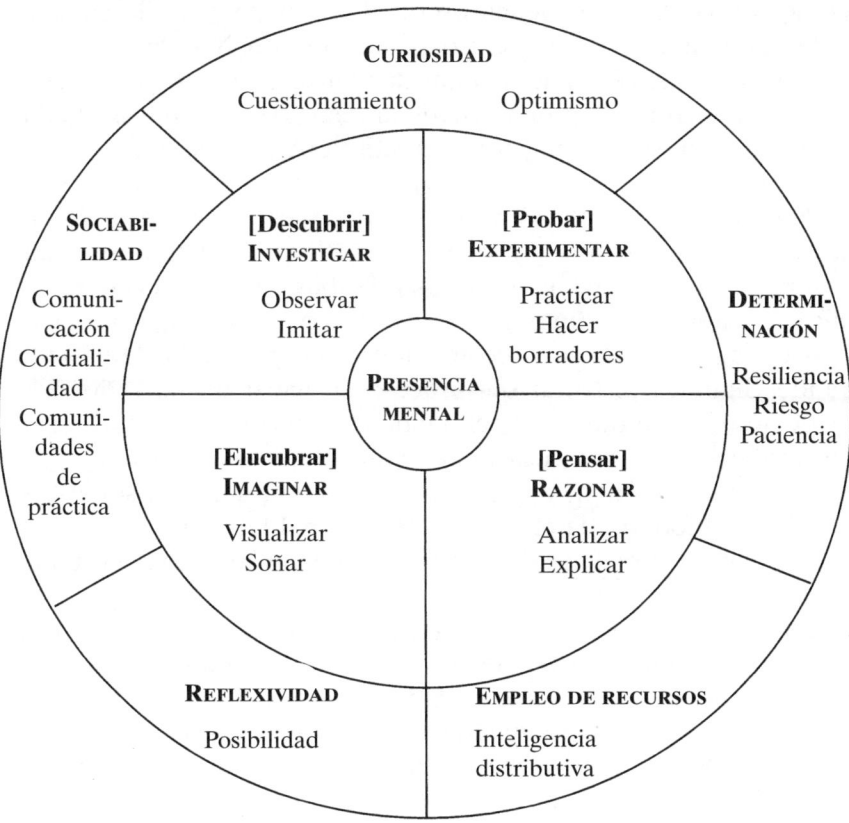

Figura 9.1. El modelo 4:5:1 de la inteligencia para el mundo real (un proceso abierto)

cierto que leen libros, pero también observan las cosas detenidamente, imitan a otras personas, navegan por Internet y buscan, deliberadamente, la experiencia en primera persona. Y es de perogrullo, en la era de Google, decir que ser inteligente consiste en ser competente a la hora de evaluar y sopesar la credibilidad y la falibilidad de lo que encontramos. No sirve de nada que los padres y los profesores se lamenten de la actitud acrítica de los alumnos en relación a la Wikipedia, por ejemplo, si en la escuela siguen enseñándoles a sentarse en silencio y aceptar sin cuestionar lo que se les dice en la clase de Ciencias o de Historia, parte de lo cual, de hecho, está en cuestión o incluso está desfasado. No hemos hablado demasiado de cómo desarrollar una "investigación inteligente", pero creemos que el aprendizaje de la recogida y el análisis de datos es un asunto muy importante que debemos esforzarnos por comprender mejor.

Experimentar implica ensayo y error, y eso significa la voluntad de cometer errores y aprender de ellos. Significa desear enfrentarse a las cosas incluso cuando no sabes qué va a suceder. Significa ser capaz de distinguir entre un riesgo interesante, formativo y estimulante y otro cuyo coste supondría una caída demasiado grande. Significa disfrutar del proceso de hacer un borrador tras otro y observar lo que has hecho y pensar en cómo mejorarlo. Significa saber cómo "practicar bien": cómo elegir las partes más difíciles, practicarlas bien, y entonces reincorporarlas a la sonata, al partido de fútbol o a la redacción. Hemos hablado un poco acerca de estas formas prácticas de inteligencia en el Capítulo 3, pero hay mucho más trabajo que hacer.

Imaginar significa ser competente a la hora de utilizar el "teatro interno" como un lugar de ensayo para el aprendizaje. Significa una habilidad para el ensayo mental, ser capaz de utilizar la visualización como el potente apéndice de la práctica física que ha demostrado ser. Significa saber cuándo y cómo emplear la ensoñación; como lo expresó un joven alumno: "saber cómo aquietar tu mente para que surjan ideas". Significa comprender el valor (y las advertencias) de la intuición, saber cómo sacar el mayor partido posible de esta familia de tímidas bestias mentales denominadas corazonadas, pálpitos, indicaciones y premoniciones. Hemos hablado de estas formas de inteligencia en el Capítulo 4.

Y el ***razonamiento*** es el compañero vital de la imaginación: ser capaz de pensar de forma rigurosa y clara, de seguir las corrientes lógicas del pensamiento, de analizar, ser crítico, asesorar y planear. Razonar significa analizar las posibles consecuencias y utilizar la experiencia propia, en la medida de lo posible, para evaluar las ideas que se tengan en torno a distintas posibilidades de acción. Este es el campo tradicional de la inteligencia, y nada de lo que hayamos dicho en este libro pretende negar su importancia. Pero la razón es una de las secciones de la "orquesta mental", no todo el *ensemble*, y es necesario aprender a tocar con los instrumentos de la investigación, de la experimentación y de la imaginación, no tratar de dominarlos. Sospechamos que hay mucho que descubrir, por ejemplo, en torno a cómo los artesanos más competentes y los virtuosos vinculan su pensamiento y su juicio en su obra.

El "1" de nuestro modelo 4:5:1 se sitúa en el centro porque se refiere a la cualidad que denominamos como **presencia mental**. Se requiere presencia mental para que todos los instrumentos del aprendizaje inteligente suenen de modo óptimo a la hora de afrontar los desafíos del momento. Es el espacio de trabajo (o la mesa de operaciones) de la inteligencia: la implicación, en cada momento, de los cuatro conjuntos de hábitos de la mente con lo que nos confunde o lo que sea de mayor importancia en el presente, sea escribir el capítulo del libro, arreglar el cortacésped, entretener al bebé o planear una fiesta. Aquí es donde tiene lugar el intrincado trabajo del aprendizaje inteligente, cuando el jugueteo nos conduce a una nueva observación, que estimula una idea imaginativa, que activa un prudente flujo de pensamiento, que conduce, a su vez, a un cambio de postura o a una nueva fase de ensayo y error.

Aplicar el subconjunto adecuado de nuestros recursos requiere presencia mental, y empezamos a sospechar que pueda ser el ingrediente clave de la inteligencia. Se relaciona con algunas de las cuestiones que abordamos en el Capítulo 7, pero creemos que implica algo más que un mero detenerse y pensar en nuestro propio pensamiento en esos momentos importantes. Creemos que se trata de un concepto más holístico, en el que la investigación apenas empieza a centrarse (Senge et al., 2005).

Alrededor de esta mesa de operaciones del aprendizaje inteligente están cinco actitudes o marcos de la mente que se complementan y sostienen entre sí. Son la **curiosidad**, la **determinación**, el **empleo de recursos**, la **sociabilidad** y la **reflexividad**. Creemos que en el mundo real es inteligente ser inquisitivo y escéptico, paciente y resiliente, ser capaz de hacer un buen uso de las herramientas y los recursos que nos rodean, ser cuidadoso y reflexivo, y ser capaz de trabajar, pensar y aprender bien en equipo, en familia o con los colegas, así como ser capaz de defender nuestras posiciones y trabajar de forma individual.

La ausencia de estos marcos mentales conduce, evidentemente, a varias formas de deficiencia. Si te falta curiosidad, es posible que seas pasivo y crédulo. Si te falta determinación, puede que nunca alcances nada que merezca la pena. Si te falta sociabilidad, te perderás toda la actividad inteligente e interesante que sucede en los grupos. Y si te falta reflexividad, te faltará consciencia de ti mismo y la habilidad para tener una "visión de conjunto" de las cosas.

Pero hemos dicho bien poco acerca de la importancia que tiene el aprendizaje para ser más curioso, para tener una mayor disposición para el asombro y para plantear las preguntas adecuadas. Ni tampoco hemos dedicado espacio a cómo desarrollar el coraje y la determinación. Creemos que una orquesta completa de la inteligencia necesitará también de estas cualidades.

Por el momento, nuestro modelo 4:5:1 no deja espacio para las *consideraciones éticas* que abordamos en el capítulo anterior, y creemos que debería dedicársele. Tal vez necesitemos ampliar el anillo exterior, de modo que demos luz al modelo 4:6:1, que las incluirá.

No somos los únicos que pensamos que estos descubrimientos son los más importantes e interesantes que se producen actualmente en la ciencia debido a las implicaciones que tienen en materia educativa. Departamentos de educación regionales y nacionales de todo el mundo sostienen un pulso con la naturaleza compuesta y aprendida de la inteligencia para el mundo real y, como hemos visto, algunas de las ideas emergentes de dicho campo están ya empezando a verse reflejadas en el currículo de muchos países, como por ejemplo en Nueva Zelanda, Australia y Finlandia. La influencia de esta investigación puede observarse en las "Competencias personales para el aprendizaje y el pensamiento", actualmente adoptadas en la educación secundaria del Reino Unido, así como en el currículo para las "Competencias para el pensamiento y las capacidades personales" de Irlanda del Norte.

Pero aún nos encontramos en los inicios de esta cruzada para hallar una educación que respete el legado del pasado y a la vez lo utilice para construir unas mentes que estén preparadas para un futuro incierto y exigente a la par que emocionante.

Esperamos que este libro os anime a plantearos grandes preguntas acerca de la misión de la escuela y sobre cómo debería trabajar, así como a experimentar con nuevas maneras de ser profesor o miembro del equipo directivo, padre, madre o diseñador de políticas pedagógicas.

Nada puede ser más importante que eso.

Bibliografía

Andrade, J. (2009). "What does doodling do?", *Applied Cognitive Psychology*, doi: 10.1002/acp. 1561.
Bandura, A. (1997). *Self-efficacy: The Exercise of Control*. San Francisco: W. H. Freeman. (Trad. esp.: *Auto-eficacia: cómo afrontamos los cambios de la sociedad actual*. Bilbao: Desclée de Brouwer, 1999).
— (1977). *Social Learning Theory*. Nueva York: General Learning Press. (Trad. esp.: *Teoría del aprendizaje social*. Madrid: Espasa-Calpe, 1987).
— Ross, D. y Ross, S. (1963). "Imitation of film-mediated aggressive models", *Journal of Abnormal and Social Psychology*, 66: 3-11.
Barnes, J. (2006). "Meaningful schooling: researching a curriculum wich makes relevance for teachers and children 5-14", artículo presentado en la British Educational Research Association, Septiembre.
Beare, H. (2001). *Creating the Future School*. Londres: RoutledgeFalmer.
Bertollo, M., Saltarelli, B. y Robazza, C. (2009), "Mental preparation strategies of elite modern pentathletes", *Psychology of Sport and Exercise*, 10: 244-54.
Binet, A. (1909). *Les Idées Modernes sur les Enfants*. París: Flammarion (Trad. esp.: *Las ideas modernas sobre los niños*. Madrid: Librería Gutenberg de José Ruiz, 1910).
Blackwell, L., Trzesniewski, K. y Dweck, C. (2007). "Implicit theories of intelligence predict achievement across adolescent transition: a longitudinal study and intervention", *Child Development*, 78(1): 246-63.
Blakeslee, S. y Blakeslee, M. (2007). *The Body Has a Mind of Its Own*. Nueva York: Random House. (Trad. esp.: *El Mandala del cuerpo: de qué manera nos ayudan los mapas corporales del cerebro a hacerlo (casi) todo mejor*. Barcelona: Liebre de marzo, 2009).
Bowers, K. S., Regehr, G., Balthazard, C. y Parker, K. (1990). "Intuition in the context of discovery", *Cognitive Psychology*, 22: 72-110.
Bronowski, J. (1974). *The Ascent of Man*. Londres: Little Brown.
Bronson, P. (2007). "How not to talk to your kids: the inverse power of praise", *New York Magazine*, 12 de Febrero.
Brown, A. (1997). "Transforming schools into communities of thinking and learning about serious matters", *American Psychologist*, 52(4): 399-413.
Brown, P. y Lauder, H. (2000). "Education, child poverty and the politics of collective intelligence" en S. J. Ball (ed.) *Sociology of Education: Major Themes*, vol. IV: *Politics and Policies*. Londres: RoutledgeFalmer, p. 1753.
Bruner, J. (1966). *Toward a Theory of Instruction*. Cambridge, MA: Harvard University Press. (Trad. esp.: *Hacia una teoría de la instrucción*: México D. F. Unión Tipográfica Editorial Hispano-Americana, 1972).
Ceci, S. y Liker, J. (1986). "A day at the races: a study of IQ, expertise and cogitive complexity", *Journal of Educational Psychology*, 115: 255-66.

Clark, A. (2003). *Natural Born Cyborgs: Minds, Technologies, and the Future of Human Intelligence.* Nueva York: Oxford University Press.
— (2009). *Supersizing the Mind.* Nueva York: Oxford University Press.
Claxton, G. (2002). *Building Learning Power.* Bristol: TLO.
— (2005). *The Wayward Mind.* Londres: Little Brown.
— (2008). *What's the Point of School?* Oxford: Oneworld.
— (2008). "Wisdom; advanced creativity?" en A. Craft, H. Gardner y G. Claxton (eds). *Creativity, Wisdom and Trusteeship: Exploring the Role of Education.* Thousand Oaks, CA: Corwin Press.
— , Edwards, L. y Scale-Constantinou, V. (2006). "Cultivating creative mentalities: a framework for education", *Thinking Skills and Creativity*, 1: 57-61.
— y Lucas, B. (2007). *The Creative Thinking Plan.* Londres: BBC Books.
Coghlan, A. (2007). "Intelligence genes keep a low profile", *New Scientist*, 1 de Diciembre, pp. 272-4.
Cordingley, P., Bell, M., Isham, C., Evans, D. Firth, A. (2007). What do specialists do in CPD programmes for wich there is evidence of positive outcomes for pupils and teachers? En *Research Evidence in Education Library.* Londres: EPPI-Centre, Social Science Research Unit.
Costa, A. y Kallick, B. (2008). *Learning and Leading with Habits of Mind. 16 Essencial Characteristics for Success.* Alexandria: ASCD.
Covey, S. (1999). *Seven Habits of Highly Effective Families.* New York: Simon and Schuster.
Craft, A., Gardner H. y Claxton, G. (2008). *Creativity, Wisdom y Trusteeship: Exploring the Role of Education.* Thousand Oaks, CA: Corwin Press.
Crick, B. (1998). *Education for Citizenship and the Teaching of Democracy in Schools* (The Crick Report). Londres: HMSO.
Damasio, A. (1995). *Descartes'Error.* Nueva York: Quill. (Trad. esp.: *El error de Descartes: la emoción, la razón y el cerebro humano.* Barcelona: Crítica, 2010).
— (1999). *The Feeling of What Happens.* Londres: Heinemann. (Trad. esp.: *La sensación de lo que ocurre: cuerpo y emoción en la construcción de la conciencia.* Madrid: Debate, 2001).
Darley, J. y Batson, C. (1973). "From Jerusalem to Jericho: a study of situational and dispositional variables in helping behaviour", *Journal of Personality and Social Psychology*, 27: 100-8.
Delors, J., Al Mufti, I., Amagi, A., *et al.* (1996). *Learning; The Treasur Within – Report to UNESCO of the International Commission on Education for the Twenty-first Century.* París: UNESCO.
Dewey, J. (1916). *Democracy and Education.* Nueva York: Macmillan. (Trad. esp.: *Democracia y escuela.* Madrid: Popular, 2009).
Dijksterhuis, A. (2004). "Think different: the merits of unconscious thought in preference development and decision making", *Journal of personality and Social Psychology*, 87: 586-98.
— y Nordgren, L. (2006). "A theory of unconscious thought" *Perspectives on Psychological Science*, 1:95-109.

© narcea, s. a. de ediciones

Dreyfus, H. y Dreyfus, S. (1986). *Mind over machine.* Oxford: Wiley-Blackwell.
Duckworth, A. y Seligman, M. (2005). "Self-discipline outdoes IQ in predicting academic performance of adolescents", *Psychological Science*, 16(2): 939-44.
Dweck, C. (2006). *Mindset: The New Psychology of Success.* Nueva York: Ballantine Books.
Einstein, A. (1973). *Ideas and Opinions.* Londres: Souvenir Press.
Elmore, R. (2004). *School Reform from the Inside Out: Policy, Practice and Performance.* Cambridge: Harvard Education Press.
Ericsson, A., Krampe, R. y Tesch-Romer, C. (1993). "The role of deliberate pratice in the acquisition of expert performance", *Psychological Review,* 100- 363-406.
Flavell, J. (1979). "Metacognition and cognitive monitoring: a new area of cognitive-development inquiry", *American Psychologist,* 34: 906-11.
Flegal, K. y Anderson, M. (2008), "Overthinking skilled motor performance: or why those who teach can't do", *Psychonomic Bulletin and Review,* 15(5): 927-32.
Gardner, H. (1984). *Frames of Mind: The Theory of Multiple Intelligence.* Londres: William Heinemann, p. 98. (Trad. esp.: *Estructuras de la mente: la teoría de las inteligencias múltiples,* México D. F.: FCE, 1994).
— (1999). *Intelligence Reframed.* Nueva York: Basic Books, p. 142. (Trad. esp.: *La Inteligencia reformulada: las inteligencias múltiples en el siglo XXI.* Barcelona: Paidós, 2010).
— (2006). *Five Minds for the Future.* Boston, MA: Harvard Business School Press. (Trad. esp.: *Las cinco mentes del futuro.* Barcelona: Paidós, 2011).
Gee, J. (2003). *What Video Games Have to Teach Us about Learning and Literacy.* Londres: Palgrave Macmillan (Trad. esp.: *Lo que nos enseñan los videojuegos sobre el aprendizaje y el alfabetismo.* Málaga: Aljibe, 2004).
Gendlin, E. T. (2004). "Introduction to 'Thinking at the Edge'" *The Folio: A Journal for Focusing and Experiential Therapy,* 19: 1-8.
German, T. y Defeyter, M. (2000). "Immunity to functional fixedness in young children" *Psychonomic Bulletin and Review,* 7(4): 707-12.
Gladwell, M. (2008) *Outliers: The Story of Success.* Londres: Little Brown (Trad. esp.: *Fueras de serie: por qué algunas personas tienen éxito y otras no.* Madrid: Taurus, 2009).
Goldacre, B. (2008). *Bad Science.* Londres: Fourth Estate. (Trad. esp.: *Mala ciencia: distinguir lo verdadero de lo falso.* Barcelona: Paidós, 2009).
Goldin-Meadow, S. y Wagner, S. (2005). "How our hands help us learn", *Trends in Cognitive Science,* 9(5): 234-41.
Goleman, D. (2006). *Social Intelligence: The New Science of Human Relationships.* Londres: Arrow Books. (Trad. esp.: *Inteligencia social: la nueva ciencia de las relaciones humanas.* Barcelona: Kairós, 2006).
Haidt, J. (2008). "Morality", *Perspectives on Psychological Science,* 3: 65-72.
— (2009). "Obama's moral majority", *Prospect Magazine,* 155: 48-51.
Handy, C. (1999). *The Hungry Spirit: Beyond Capitalism – a Quest for Purpose in the Modern World.* Nueva York: Broadway Books.

Hattie, J. (2009). *Visible Learning: A Synthesis of Over 800 Meta-analyses Realting to Achievement*. Londres: Routledge.

Heslin, P. (2009). "Better than brainstorming? Potential contextual boundary conditions to brainwriting for idea generation in organisations", *Journal of Occupational and Organizational Psychology*, 82(1): 129-45.

Humphrey, N. (1984). *Conciousness Regained*. Oxford: Oxford University Press.

Hutchins, E. (1995). *Cognition in the Wild*. Cambridge, MA: MIT Press.

Iacoboni, M., Molnar-Szakacs, I., Gallese, V., Buccino, G., Mazziotta, J. y Rizzolatti, G. (2005). "Grasping the intentions of others with one'sown mirror neuron system", *PLOS Biology*, 3(3): 529-35.

Isen, A., Daubman, K. y Nowicki, G. (1987). "Positive affect facilitates creative problem-solving", *Journal of Personality and Social Psychology*, 52(6): 1122-31.

Jorgensen, H. y Hallam, S. (2009). "Practising", en S. Hallam, I. Cross y M. Thaut (Eds.). *The Oxford Handbook of the Psychology of Music*. Oxford: Oxford University Press.

Kindermann, T. (1993). "Natural peer groups as contexts for individual development: the case of children's motivation in school", *Development Psychology*, 29(6): 970-7.

Kohlberg, L. (1984). *Essays on Moral Development*, vol. II: *The Psychology of Moral Development*. San Francisco: Harper and Row. (Trad. esp.: *La educación moral*. Barcelona: Gedisa, 1997).

Kutnick, P. et al. (2005). "Teachers' understandings of the relationship between within-class (pupil) grouping and learning in secondary schools", *Educational Research*, 47(1): 1-24.

Langer, E. (1997). *The Power of Mindful Learning*. Cambridge: Perseus Books. (Trad. esp.: *El poder del aprendizaje consciente*. Barcelona: Gedisa, 2000).

Larrabee, M.J. (2004). "Eight graders think at the edge", *The Folio: A Journal for Focusing and Experiential Therapy*, 19: 99-101.

Lave, J. (1988). *Cognition in Practice: Mind, Mathematics and Culture in Everyday Life*. Cambridge: Cambridge University Press. (Trad. esp.: *La Cognición en la práctica*. Barcelona: Paidós, 1991).

— y Wenger, E. (1991). *Situated Learning: Legitimate Peripheral Participation*. Cambridge: Cambridge University Press.

Layard, R. y Lunn, J. (2009). *A Good Childhood*. Londres: Penguin Books. (Trad. esp.: *Una buena infancia: en busca de valores en una época competitiva*. Madrid: Alianza, 2011).

Leadbeater, C. y 257 autores más (2009). *We think*. Londres: Profile Books.

Leat, D. y Lin, M. (2003). "Developing a pedagogy of metacognition and transfer: some signposts for the generation of knowledge and the creation of research partnerships", *British Educational Research Journal*, 29(3): 383-415.

Lodge, D. (2005). *Conciousness and the Novel*. Londres: Secker and Warberg (Trad. esp.: *La Conciencia y la novela: crítica literaria y creación literaria*, Barcelona: Península, 2004).

Lucas, B. (2001). *Power Up Your Mind*. Londres: Nicholas Brealey. (Trad. esp.: *Entrena tu mente: aprendizaje y desarrollo de tus habilidades en el trabajo*. Barcelona: Paidós, 2005).
— (ed.) (2006). *New Kinds of Smart: Emerging Thinking about What It Is to Be Intelligent Today*. Londres: The Talent Foundation.
Martindale, C. (1995). "Creativity and connectionism", en S. Smith, T.B. Ward y R. Finke (eds.) (1997). *The Creative Cognitivon Approach*. Cambridge, MA: Bradford/MIT Press.
Milne, A.A. (1973). *Winnie the Pooh*. Londres: Heinemann Young Books. (Trad. esp.: *Historias de Winny de Puh*. Madrid: Valdemar, 2009).
Moll, L., Tapia, J. y Whitmore, K. (1993). "Living knowledge: the social distribution of cultural resources for thinking" en G. Salomon (ed.), *Distributed Cognitions*, ibid.
Mugny, G. y Carugati, F. (eds.) (1989). *Social Representation of Intelligence*. Oxford: Pergamon. (Trad. esp.: *La construcción social de la inteligencia*. México, D.F.: Trillas, 1983).
Muis, K. (2007). "The role of epistemic beliefs in self-regulated learning", *Educational Psychologist*, 42(3): 173-90.
Noddings, N. (1987). "A morally defensible mission for schools in the 21st century" en E. Clinch (ed.). *Transforming Public Education: A New Course of America's Future*. Nueva York: Teachers College Press, pp. 27-37.
— (1999). "Two concepts of caring" en *Philosophy of Education Society Yearbook*.
Owen, H. (2007). *Open Space Technology: A User's Guide*. San Francisco: Berrett-Koehler Publishers.
Palmer, S. (2006). *Toxic Childhood: How the Modern World is Damaging Our Children and What We Can Do About It*. Londres: Orion Books.
Panksepp, J. (1998). *Affective Neuroscience*. Nueva York: Oxford University Press.
Papert, S. y Harel, I. (1991). *Constructionism*. Norwood, NJ: Ablex Publishing.
Pea, R. (1993). "Practices of distributed intelligence and designs for education", en G. Salomon (ed.). *Distributed Cognitions: Psychological and Educational Considerations*. Cambridge: Cambridge University Press.
Perkins, D. (1985). "Post-primary education has little impact on informal reasoning", *Journal of Educational Psychology*, 77(5): 562-71.
— (1995). *Outsmarting IQ: The Emerging Science of Learnable Intelligence*. Nueva York: Free Press.
— (2009). *Making Learning Whole: Howe Seven Principles of Teaching Can Transform Education*. San Francisco: Jossey-Bass.
Peterson, C. y Seligman, M. (2004). *Character Strengths and Virtues: A Handbook and Classification*. Nueva York: Oxford University Press/American Psychological Association.
Piaget, J. (2001). *The Psychology of Intelligence*. Londres: Routledge. (Trad. esp.: *Psicología de la inteligencia*, Barcelona: Crítica, 1983).
Pintrich, P., Wolters, C. y Baxter, G. (2000). "Assessing metacognition and self-regulated learning" en Schraw, G. y Ampara, J. (eds.), *Issues in the Measurement*

of Metacognition. Lincolns: Buros Institute of Mental Measurements, University of Nebraska Press.

Polanyi, M. (1967). *The Tacit Dimension.* Londres: Routledge and Kegan Paul.

Prochaska, J., Norcross, J. y DiClemente, C. (1998). *Changing for Good.* Nueva York: Avon Books.

Resnick, L. (1999). "Making America smarter", *Education Week Century Series,* 18(40): 38-40.

Ridley, M. (2004). *Nature via Nurture: Genes, Experience and What Makes Us Humans.* Londres: HarperPerennial (Trad. esp.: *Qué nos hace humanos.* Madrid: Taurus, 2004).

Robinson, K. (2006). "Do schools kill creativity?". Véase en http://www.ted.com/index.php/talks/ken_robinson_says-schools_kill_creativity.html (Consulta 14/09/2013).

Rogoff, B y Lave, J. (eds) (1984). *Everyday Cognition: Its Development in Social Context.* Cambridge. MA: Harvard University Press.

Rolls, E. T. (1999). *The Brain and Emotion.* Nueva York: Oxford University Press.

Rotter, J. (1972). *Applications of a Social Learning Theory of Personality.* Londres: Holt, Rinehart and Winston.

Sadler-Smith, E. (2008). *Inside Intuition.* Londres: Routledge.

Salomon, G. (1997). "Of mind and media: how culture's symbolic forms affect learning and thinking", *Phi Delta Kappan,* 78: 375:80.

— y Perkins, D. (1989). "Rocky roads to transfer: rethinking mechanisms of a neglected phenomenon", *Educational Psychologist,* 24(2): 113-42.

— y Perkins, D. y Globerson, T. (1991). "Partners in cognition: extending human intelligence with intelligent technologies", *Educational Researcher,* 20(3): 2-9.

Scales, P., Blyth, D., Berkas, T. y Kielsmeier, J. (2000*).* "The effects of service-learning on middle school students'social responsability and academic success", *Journal of Early Adolescence,* 20(3): 332-58.

Schön, D. (1983). *The Reflective Practitioner: How Professionals Think in Action.* Farnham: Ashgate. (Trad. esp.: *La Formación de profesionales reflexivos: hacia un nuevo diseño de la enseñanza y el aprendizaje de las profesiones.* Barcelona: Paidós;, 2010).

Schunk, D. y Zimmerman, B. (1994). *Self-regulated academic Learning and Performance: Issues and Educational Applications.* Hillsdale, NJ: Erlbaum.

Segerstrom, S.C., Taylor, S.E., Kemeny, M.E. y Fahey, J. L. (1998). "Optimism is associated with mood, coping, and immune change in response to stress", *Journal of Personality and Social Psychology,* 74(6): 1646-55.

Seligman, M. (1991). *Learned Optimism: How to Change Your Mind and Your Life.* Nueva York: Alfred A. Knopf (Trad. esp.: *Aprenda optimismo: haga de la vida una experiencia gratificante.* Barcelona: Debolsillo, 2011).

Stein, M. K., y Coburn, C. E. (2003). "Toward producing usable knowledge for the improvement of educational practice: a conceptual framework". En *Abstracts,* Biennal Meeting of the European Conference for Research on Learning and Instruction. Pádua, Italia.

© narcea, s. a. de ediciones

Sternberg, R. (1986). *Intelligence Applied.* Nueva York: Harcourt Brace Jovavonich.
— (1996). *Successful Intelligence.* Nueva York: Simon & Schuster. (Trad. esp.: *Inteligencia exitosa: cómo una inteligencia práctica y creativa determina el éxito en la vida.* Barcelona: Paidós, 1997).
— (1997). "The concept of intelligence and its role in lifelong learning and success", *American Psychologist,* 52(10): 1030-7.
— (1999). "The theory of successful intelligence", *Review of General Psychology,* 3: 292-316.
Stewart, I. (1987). "Are mathematicians logical?", *Nature,* 325: 386-7.
Timperley, H., Wilson, A., Barrar, H. y Fung, I. (2008). *Teacher professional Learning and Development: Best Evidence Synthesis Iteration.* Ministerio de Educación de Nueva Zelanda.
UNICEF (2007*).* *Child Poverty in Perspective: An Overview of Child Well-Being in Rich Countries.* Florence: UNICEF Innocenti Research Centre.
Vygotsky, L. (1978). *Mind and Society: The Development of Higher Mental Processes.* Cambridge, MA: Harvard University Press (Trad. esp.: *El desarrollo de los procesos psicológicos superiores.* Barcelona: Crítica, 2003).
Watkins, C. (2002). "Learning about learning enhances performance". *National School Improvement Network Bulletin,* Núm. 13. Londres: Institute of Education.
— (2005). "Classrooms as learning communities: a review of research", *London Review of Education,* 3(1): 47-64.
White, J. (2004). *The myth of multiple intelligences,* transcripción de una conferencia dictada en el London Institute of Education, 17 de Noviembre.
Whitehead, A. (1911). *An Introduction to Mathematics.* Nueva York: Oxford University Press.
Wilson, T. y Schooler, J. (1991). "Thinking too much: instrospection can reduce the quality of preferences and decisions".*Journal of Personality and Social Psychology,* 60: 181-92.
Wood, W. y Neal, D. (2007) "A new look at habits and the habits-goal interface", *Psychological Review,* 114(4): 843-63.
Ybarra, O., Burnstein, E., Winkielman, P., Keller, M. C., Manis, M., Chan, E. y Rodriguez, J. (2008). "Mental exercising through simple socializing: social interaction promotes general cognitive functioning", *Personality and Social Psychology Bulletin,* 34: 248-59.
Zimmerman, B. (1989). "A social cognitive view of self-regulated academic learning", *Journal of Educational Psychology,* 81(3): 329-39.

Colección
EDUCACIÓN HOY

Volúmenes publicados

AGÜERA, I.: *Curso de Creatividad y Lenguaje.*
—*Estrategias para una lectura reflexiva.*
—*Ideas prácticas para un currículo creativo.*
—*¡Viva el teatro! Diversión y valores en escena.*
—*Pedagogía homeopática y creativa. Para una escuela humanizadora, lúdica, alegre...*
AGUILERA, C y VILLALBA, M.: *¡Vamos al museo! Guías y recursos para visitar los museos.*
ALONSO, A. M.ª: *Pedagogía de la interioridad. Aprender a "ser" desde uno mismo.*
ANTUNES, C.: *Estimular las inteligencias múltiples. Qué son, cómo se manifiestan, cómo funcionan.*

BADILLO, R. M.ª: *Cuentos para "delfines". Autoestima y crecimiento personal. Didáctica, del ser.*
BATLLORI, J.: *Juegos para entrenar el cerebro. Desarrollo de habilidades cognitivas y sociales.*
—*Juegos que agudizan el ingenio: 111 enigmas sorprendentes y muy divertidos.*
BLANCHARD, M. y MUZÁS, M.ª D.: *Propuestas metodológicas para profesores reflexivos.*
BLASE, J. y KIRBY, P. C.: *Estrategias para una dirección escolar eficaz. Cómo motivar, inspirar y liderar.*
BOSSA, N. A. y BARROS DE OLIVEIRA, V.: *Evaluación psicopedagógica de 7 a 11 años.*
BOUJON, Ch. y QUAIREAU, Ch.: *Atención, aprendizaje y rendimiento escolar. Aportaciones de la Psicología Cognitiva y Experimental.*

CABEZUELO, G. y FRONTERA, P.: *El desarrollo psicomotor. Desde la infacia hasta la adolescencia.*
CANDAU, V. M.: *La Didáctica en cuestión. Investigación y enseñanza.*
CARRERAS, Ll. y otros: *Cómo educar en valores. Materiales, textos, recursos y técnicas.*
CERRO, S.: *Elegir la excedencia en la gestión de un centro educativo.*
CUERVO, M. y DIÉGUEZ, J.: *Mejorar la expresión oral. Animación a través de dinámicas grupales.*

DELAIRE, G. y ORDRONNEAU, H.: *Los equipos docentes. Formación y funcionamiento.*
DÍAZ, C.: *La creatividad en la Expresión Plástica. Propuestas didácticas y metodológicas.*

DUSCHL, R.: *Renovar la enseñanza de las Ciencias.*

FERNÁNDEZ, I.: *Prevención de la violencia y resolución de conflictos. El clima escolar como factor de calidad.*
FISCHER, G. N.: *Campos de intervención en psicología social. Grupo. Institución. Cultura. Ambiente social.*

GABRIEL, G.: *Coaching escolar. Cómo aumentar el potencial de los alumnos con dificultades.*
GAGO, R. y RAMÍREZ, J.: *Guía práctica del profesor-tutor en Educación Primaria y Secundaria.*
GARCÍA PRIETO, A.: *Niños y niñas con parálisis cerebral. Descripción, acción educativa e inserción social.*
GARNETT, S.: *Cómo usar el cerebro en las aulas. Para mejorar la calidad y acelerar el aprendizaje.*
GÓMEZ, M.ª T.; MIR, V.: *Altas capacidades en niños y niñas. Detección, identificación e integración en la escuela y en la familia.*
—y SERRATS, M.ª G.: *Propuestas de intervención en el aula. Técnicas para lograr un clima favorable en la clase.*
GONNET, J.: *El periódico en la escuela. Creación y utilización.*
GUILLÉN, M. y MEJÍA, A.: *Actuaciones educativas en Aulas Hospitalarias. Atención escolar a niños enfermos.*

HARRIS, S.: *Los hermanos de niños con autismo. Su rol específico en las relaciones familiares.*

ITURBE, T.: *Pequeñas obras de teatro para representar en Navidad.*
—y DEL CARMEN, I.: *El Departamento de Orientación en un centro escolar.*

JACQUES, J. y P.: *Cómo trabajar en equipo. Guía práctica.*

KNAPCZYK, D.: *Autodisciplina. Cómo transformar los problemas de disciplina en objetivos de autodisciplina.*

LOOS, S. y HOINKIS, U.: *Las personas discapacitadas también juegan. 65 juegos y actividades para favorecer el desarrollo físico y psíquico.*

LOUIS, J. M.: *Los niños precoces. Su integración social, familiar y escolar.*
LUCAS, B. y CLAXTON, G.: *Nuevas inteligencias, nuevos aprendizajes. Inteligencia compuesta, expandible, práctica, intuitiva, distributiva, social, estratégica, ética.*
LLOPIS, C. (Coord.): *Los derechos humanos. Educar para una nueva ciudadanía.*
MAÑU, J. M.: *Manual básico de Dirección escolar. Dirigir es un arte y una ciencia.*
MARUJO, H. A.: *Pedagogía del optimismo. Guía para lograr ambientes positivos y estimulantes.*
MENCÍA, E.: *Educación Cívica del ciudadano europeo. Conocimiento de Europa y actitudes europeístas en el currículo.*
MORA, J. A.: *Acción tutorial y orientación educativa.*
MONTERO, E., RUIZ, M. y DIAZ, B.: *Aprendiendo con Videojuegos. Jugar es pensar dos veces.*
MUNTANER, J. J.: *La sociedad ante el deficiente mental. Normalización. Integración educativa. Inserción social y laboral.*
MUZÁS, M. D.; BLANCHARD, M. y SANDÍN, M. T.: *Adaptación del currículo al contexto y al aula. Respuesta educativa en las cuevas de Guadix.*

NAVARRO, M.: *Reflexiones de/para un director. Lo cotidiano en la dirección de un centro educativo.*
NOVARA, D.: *Pedagogía del «saber escuchar». Hacia formas educativas más democráticas y abiertas.*

ONTORIA, A. y otros: *Aprender con Mapas mentales. Una estrategia para pensar y estudiar.*
—*Aprendizaje centrado en el alumno. Metodología para una escuela abierta.*
—*Mapas conceptuales. Una técnica para aprender.*
—*Potenciar la capacidad de aprender y pensar. Qué cambiar para aprender y cómo aprender para cambiar.*
OSBORNE, R. y FREYBERG, P.: *El aprendizaje de las ciencias. Implicaciones de las ideas previas de los alumnos.*

PASCUAL, A. V.: *Clarificación de valores y desarrollo humano. Estrategias para la escuela.*
PÉREZ, G. y PÉREZ DE GUZMÁN, M.ª V.: *Aprender a convivir. El conflicto como oportunidad de crecimiento.*
PERPIÑÁN, S.: *Atención Temprana y familia. Cómo intervenir creando «entornos competentes».*
PIANTONI, C.: *Expresión, comunicación y discapacidad. Modelos pedagógicos y didácticos para la integración escolar y social.*

PIKLER, E.: *Moverse en libertad. Desarrollo de la motricidad global.*
POINTER, B.: *Actividades motrices para niños con necesidades educativas especiales.*
POLAINO-LORENTE, A. y ÁVILA, C.: *Cómo vivir con un niño/a hiperactivo/a. Comportamiento, tratamiento, ayuda familiar y escolar.*
PROT, B.: *Pedagogía de la motivación. Cómo despertar el deseo de aprender.*

RAMOS, F. y VADILLO, J.: *Cuentos que enseñan a vivir. Fantasía y emociones a través de la palabra.*
ROSALES, C.: *Criterios para una evaluación formativa.*
RUEDA, R.: *Bibliotecas Escolares. Guía para el profesorado de Educación Primaria.*
—*Recrear la lectura. Actividades para perder el miedo a la lectura.*

SALVADOR, A.: *Evaluación y tratamiento psicopedagógicos. El Departamento de Orientación según la LOGSE.*
SÁNCHEZ, S. C.: *El movimiento renovador de la Experiencia Somosaguas. Respuesta a un proyecto educativo.*
SANTOS, M. A.: *Una flecha en la diana. La evaluación como aprendizaje.*
SCHWARTZ. S, y POLLISHUKE, M.: *Aprendizaje activo. Una organización de la clase centrada en el alumnado.*
SEGURA, M.: *El Aula de Convivencia. Materiales educativos para su buen funcionamiento.*
—y ARCAS, M.: *Educar las emociones y los sentimientos. Introducción práctica al complejo mundo de los sentimientos.*
SOLER FIÉRREZ, E.: *La práctica de la inspección en el sistema escolar.*
STACEY, K. y GROVES, S.: *Resolver problemas: Estrategias. Unidades para desarrollar el razonamiento matemático.*

TORRE, S. de la, y otros: *El cine, un entorno educativo.*
TORREGO, J. C. (Coord.): *Mediación de conflictos en instituciones educativas. Manual para la formación de mediadores.*
—*La ayuda entre iguales para mejorar la convivencia escolar. Manual para la formación de alumnas/os ayudantes.*
TRAIN, A.: *Agresividad en niños y niñas.*
TRIANES, M.ª V.: *Estrés en la infancia. Su prevención y tratamiento.*

VAILLANCOURT, G.: *Música y musicoterapia. Su importancia en el desarrollo infantil.*
VIEIRA, H.: *La comunicación en el aula.*
VILA, A.: *Los hijos «diferentes» también crecen. Cuando los hijos deficientes se hacen mayores.*